Vorwort

Wieso verlernen? Kann man Sex verlernen?

Ja und Nein.

Ja, weil Sie nachlassende, seltener werdende oder gar fehlende Sexualität regelrecht erlernen können. Sie geht schon mal ins Bett, damit sie schläft, wenn er nachkommt. Er sieht das Abstellraum-Schlafzimmer und schon läuft der ‚Ich-ahne-schon-dass-heute-nichts-mehr-läuft'-Film ab. Er war schon wieder nicht einfühlsam genug, also soll er's ‚fühlen'. Sie hatte sich gefreut, aber er kommt schon wieder spät nach Hause. Er interessiert sich nicht für ihren Job, sie nicht für seinen Verein. Wie's den Kindern geht? Ach ja, wo sind die eigentlich? Kennen Sie das? Hoffentlich nicht, denn auf diese Weise üben Sie ‚Nicht-Sex' regelrecht ein.

Nein, weil man Sexualität genau wie das Fahrrad Fahren nie mehr völlig verlernt. Nur müssen Sie die Voraussetzungen dafür schaffen: Den Willen zum Fahren entwickeln, die Freude daran wiederentdecken, ein geeignetes Fahrrad besorgen, wetterfeste Kleidung anschaffen etc. Eine kleine Ausstattungsliste legen wir mit diesem Buch vor. Dann noch die Reifen aufpumpen und das Gleichgewicht wiederfinden und Sie kommen wieder ‚in Fahrt'.

Und genau das wünschen wir Ihnen. Ehe Sie's verlernen.

Volker & Felicitas Lehnert

Inhalt

Vorwort 3

Einleitung 7

1. Erotik in der Ehe? 9

2. Zwischen Verhetzung und Vergötzung.
   Kleine Geschichte der Erotik 15

3. „...und sie werden *ein Leib* sein"
   (1. Mose 2,24) – Grundlagen der Erotik 33

4. Störungen durchschauen.
   Kleiner Virenscanner – Part 1 47

5. Störungen durchschauen.
   Kleiner Virenscanner – Part 2:
   Wenn *Sie* nicht kann oder *Er* nicht will 58

6. Zwischen Buschbrand und Asche. Das Ehebett
   als Feuerstelle - oder: Die Kultivierung der Lust 71

7. „Ich wünsch mir was..." – oder:
   Wo Enttabuisierung eigentlich hingehört 79

8. „Ich will zu Dir..." – Virtuelle Erotik 86

9. Erotik braucht Atmosphäre und Phantasie 89

10. Die Lust kommt beim Essen – oder auch nicht! . . . 96

11. „Und sie waren nackt und schämten sich nicht"
    (1. Mose 2,25) – Theologisches zur Erotik 110

12. Das Wichtigste zuletzt 119

Einleitung

Warum wir ein Buch über Erotik in der Ehe schreiben, fragen Sie? Ganz einfach, weil über nichts so geschwiegen wird in unserer Gesellschaft wie über dieses Thema. Über Erotik an sich gibt's massenhaft zu lesen, über Erotik *in* der Ehe nicht.

Das eine große Tabu unserer Zeit ist die Frage: Wie halte ich es mit der Religion? Kaum jemand spricht – jedenfalls außerhalb christlicher Insiderkreise – über das, was er glaubt. Das andere große Tabu unserer Zeit heißt: Erotik *in* der Ehe. Ehepartner leben zwanzig Jahre und länger miteinander und kennen immer noch nicht die geheimsten Sehnsüchte ihrer Partner, von ihrer gegenseitigen Erfüllung ganz zu schweigen.

Rufen wir beide Themenkreise zugleich auf und fragen nach dem Zusammenhang von Religion, Ehe und Erotik, betreten wir spezialvermintes Tabugelände. Deshalb schreiben wir ein Buch zur Erotik *in* der Ehe. Wir wollen Minen entsorgen, dafür aber erotische Lunte legen – und zwar *in* Ihrer Ehe.

Wie auch in unseren früheren Büchern[1] gilt: Wir wollen Denkanstöße bieten, keine dogmatischen Richtigkeiten, die immer und in jedem Falle gelten. Wichtig ist, was für *Sie* stimmt. Lesen Sie die Impulse, bewegen Sie sie miteinander in Ihrer Zweisamkeit, prüfen Sie alles, und behalten Sie das Beste (1. Thess. 5,21), ehe Sie's verlernen....

1. Erotik in der Ehe?

Verunsicherung in Sachen Sexualität

Die genauere Betrachtung der erotischen Großwetterlage führt schnell zu einer eigenartigen Erkenntnis: Einerseits boomt seit Jahrzehnten die Sexualisierung unserer Gesellschaft. Filme, Videos, Zeitschriften, Internetseiten u.ä. propagieren und vermarkten alle nur denkbaren Erscheinungsformen von Sexualität und Erotik, diesseits und jenseits dessen, was uns gut tut. Pornographie ist eine Industrie geworden und das Rotlichtmilieu ist dabei, mittlerweile in den Arbeitgeberstand zu avancieren. Ungefähr alles, was der menschliche Geist auf diesem Gebiet auszudenken vermag, wird thematisiert, verfilmt, dargestellt und verkauft: von der Silokonbusenaufrüstung zum Hilfsmittelvertrieb, vom Swingerclubreport bis zur SM-Fete. Es findet sich alles, sogar - in einer Boulevardzeitschrift[2] – die Warnung vor der Liebe, um den Kick eines One-Night-Stands nicht zu gefährden. Nur eins findet sich nicht oder nur selten: das erotische Feuer *in* der monogamen Ehe und die liebevolle Kunst, es zu erhalten.

Hinzu kommt eine öffentliche Bagatellisierung des Verlustes all dessen, was uns bisher irgendwie heilig war oder jedenfalls hätte sein sollen. Über den gesellschaftlich mittlerweile nicht nur sanktionierten Seitensprung bringt eine große Tageszeitung ganz cool eine Reihe. ‚Dein Mann kommt heute später...' lautet die Schlagzeile, ‚...er ist bei mir'. Schon vor Jahren wurde die drohende Aidsepidemie lediglich im Kontext der rechten Anwendung von Kondomen abgehandelt. Fernsehspots nahmen das angenommene Sexualverhalten der gegenwärtigen Gesellschaft auf und verstärkten es zugleich. Dass du deinen Spontipartner gar nicht kennst, ist sekundär, Hauptsache, du bist geschützt – na ja, vor Aids vielleicht. Als ein berühmter TV-Moderator verkündete, man könne es ja auch mal mit Treue versuchen, wurde er belächelt. Gehört so etwas in die Requisitenkiste überholter Monogamievorstellungen?

Sexualität hat sich zur Konsumware entwickelt. Outfit, Techniken, Hilfsmittel bis hin zum Potenzmittel u.ä. sind die großen Themen gegenwärtiger öffentlicher Erotikdiskussion. Im Mittelpunkt steht unser Ego und ‚I like Genuss sofort' scheint eins der neuen Lifestyle-Dogmen sein.

Der Wertmaßstab des Konsum-Zeitalters diktiert: ‚Was nichts kostet, ist auch nichts'. Am besten noch ein Markenname obendrauf. Sogar Liebe wird vermarktet (‚käufliche Liebe'). Also muss, um viel zu bekommen, der eigene Marktwert angehoben werden. Muckibuden (Fitness-Studios) und Home-Trainer haben Hochkonjunktur (obwohl es der Einkauf mit dem Fahrrad auch täte), die Haare werden beim Friseur verschnitten (zur Zeit ist der Stil ‚angetackert' in), der Magen wird behandelt wie in Hungerzeiten (aber für viel Geld mit Diätprodukten), wenn alles nichts hilft, verstümmeln sogenannte Ärzte (nicht nur) die Gesichtshaut (Hauptsache der teure Designerpulli passt) und wenn der eigene Marktwert endlich zu stimmen scheint, wird der Partner / die Partnerin gewechselt, man gibt sich ja schließlich nicht mit jedem/jeder ab. Warum auch? Männer gibt's wie Sand am Meer – und Frauen auch.

Aber erfüllte Erotik lässt sich nicht kaufen. Sie ist ein Bestandteil der *Liebe*, nicht des Geldes. Sexualität als elementare Dimension einer liebevollen Beziehung, in der das ‚Du' in den Blick gerät – eben das würde *Martin Buber* Liebe nennen[3] – ist eine wieder neu zu entdeckende Kunst geworden.

Das Dilemma

Wir stehen also angesichts unseres Themas vor einem gewissen Dilemma. Der sexuellen Liberalisierung in der Öffentlichkeit scheint eine sexuelle Sprachlosigkeit im bundesdeutschen Normalehebett zu korrespondieren.

Erschreckend ist die Unkenntnis der grundlegenden Strukturen von Sexualität. Wir zitieren aus einem Beitrag der Illustrierte STERN vom 27. 7. 2000, der in Deutschland einen ‚sexuellen Analphabetismus' aufspürt[4]:

„Was muss ich genau machen, wenn ich mit meiner Freundin schlafen will?"; „Woher weiß ich, dass ich beim Sex alles richtig mache?« Mit solchen und ähnlichen Fragen wenden sich Monat für Monat Hunderte verzweifelter junger Männer per E-Mail an ‚Pro Familia'. Helmut Paschen von der Flensburger Filiale des Beratungsvereins stellt fest, dass ‚Sexualität trotz der großen Offenheit der Medien in den Familien ein Tabuthema geblieben ist'. Nach einer Emnid-Studie hat die Hälfte aller Teenager nie mit ihren Eltern über Sex gesprochen. Einer Untersuchung der Bundeszentrale für gesundheitliche Aufklärung zufolge fühlen sich nur 55 Prozent aller Eltern für die Aufklärung ihrer Söhne zuständig (Töchter: 72 %).

Der Liebeslosigkeit öffentlicher Erotik entspricht also eine Erotiklosigkeit der bürgerlichen Liebe. Nicht immer – glücklicherweise –, aber doch häufig genug.

Für viele Christen tut sich obendrein noch ein zusätzlicher Problembereich auf. Eine Jahrhunderte lang tradierte Negativbewertung von Sexualität und erotischer Lust führte zu einer kollektiven Verklemmungs- und Tabuisierungsmentalität, je nach Konfession in unterschiedlich starker Dosierung. Häufig genug ist der Eros nicht oder nur fragmentarisch in die glaubende Persönlichkeit integriert worden. Irgendwie galt der ganze Bereich immer als schmuddelig.

Dabei meldet sich die neurotische Verdrängung der Libido – wohl auch eine Spielart der viel zitierten ‚ekklesiogenen Neurose'[5] – immer wieder aus der moralischen Verborgenheit zu Wort. Etwa bei Zoten auf Karnevalssitzungen oder bei chronischer Distanzübertretung im Großfamilienbereich.

> **Beispiel**: Frau Willnicht redet mit ihrem Kind nicht über Sexualität. Auf der Damensitzung in einem rheinischen Pfarrheim aber geifert sie, was das Zeug hält. Zu Hause darf sich ihr Kind auf der Toilette nicht einschließen. Wenn ihr Mann sich nähert, ertönt: „Aber Karlheinz..."

Sexualitätsverweigerung wird auch als Projektionsfläche für die eigene virtuelle *Schuldlosigkeit* genutzt. Die zu Grunde liegende Logik ist simpel. Sexualität wird unter religiösem und moralischem Vorzeichen als ‚Sünde' aufgefasst. Enthaltung von Sexualität funktioniert somit innerpsychisch als Entledigung von Sünde. Ein historisches Beispiel dafür ist der Kirchenvater Augustinus, wie wir im nächsten Kapitel zeigen werden. Geistlich handelt es sich hier geradezu um eine ungeheure, paradoxe Aufwertung von Sexualität, denn ihr wird – psychologisch betrachtet – eine sühnende Funktion zugeschrieben. Sühnende Funktion aber kommt nach biblischer Auffassung allein Christus zu. Anhand dieses Phänomens wird das äußerst brisante Konkurrenzverhältnis von Religion und Erotik unmittelbar einleuchtend. Kein Wunder, dass beide Seiten, Religion und Eros, immer wieder versuchen, sich gegenseitig zu eliminieren. Dabei würde ein biblisches Verständnis von Glauben und ein biblisches Verständnis von Sexualität zur beiderseitigen Freisetzung führen, weil sie in Wahrheit zwei völlig verschiedene Bereiche menschlichen Lebens betreffen und doch komplementär aufeinander bezogen sind.

Die Überraschung

Zu den Überraschungen unserer Thematik gehört die Entdeckung von Konvergenzen zwischen Erkenntnissen der Humanwissenschaften und biblischer Aussagen. Was die Sexualpsychologie als gut und nützlich entdeckt und beschrieben hat, steht nämlich keineswegs im Widerspruch zu christlichen Grundüberzeugungen. So geht es in diesem Buch auch um die Versöhnung zwischen Sexualität und Glauben, zu allererst aber um die Zurückeroberung der Erotik in die Ehe hinein.

EHE Sie's verlernen

... sollten Sie sich über die emotionale Färbung klar werden, die das Thema Erotik für *Sie* hat.

... sollten Sie miteinander über *Ihre* Sexualität sprechen.

... sollten Sie sich für die grundlegenden Einsichten der Sexualpsychologie interessieren.

... sollten Sie Erotik auch als ein biblisches Thema entdecken.

Merke

Was in einer Beziehung nicht thematisiert wird, wird in aller Regel auch nicht entwickelt.

Erotische Erfüllung ist kein Illusionsprodukt der Konsumgesellschaft, sondern eine reale Möglichkeit *Ihrer* Ehe.

Erotische Erfüllung ist ein Element der Liebe, nicht der Mode.

2. Zwischen Verhetzung und Vergötzung. Kleine Geschichte der Erotik

Augustinus und die Herabsetzung der Erotik

Wir setzen mit unserer Skizze der Geschichte der Erotik bei Augustinus (gest. 430) an, weil er wie kein anderer das moralische und religiöse Sexualverständnis des Abendlandes geprägt hat. „Von Sexualfeindlichkeit zu reden heißt ..., von Augustinus zu sprechen" hat *U. Ranke-Heinemann* einst geschrieben.[6] Augustinus hat nichts anderes getan, als einen Zusammenhang hergestellt zwischen Erbsünde und sexueller Lust. Seine Argumentation lautet stark vereinfacht: Christus war deswegen ohne Sünde, weil er nicht sexuell gezeugt wurde. Je reiner ein Christ nun sein will, desto enthaltsamer muss er leben. Das ideale geistliche Leben besteht folglich in sexueller Askese. Sexuelle Lust bezeichnet er als ‚Übel', nichts darf ‚aus Lust' geschehen, Ziel der sexuellen Vereinigung ist die – möglichst lustlose – Zeugung eines Kindes, wer sich der Lust ergibt ‚sündigt.'[7]

> Dass Augustins radikale Lustverachtung biographische Ursachen hat, sei hier nur angemerkt. Es wandelt sich wohl „sein schlechtes Gewissen über seine eigene Treulosigkeit gegen die verlassene Geliebte immer mehr in eine Verachtung der sexuellen Liebe überhaupt. Nicht so sehr er ist schuld, ... sondern die böse Lust des Sexualaktes".[8]

Der psychologische Ertrag einer derartigen Abwertung von Sexualität liegt auf der Hand. Er besteht in einem zweifachen Gewinn:

- Was als ‚Sünde' disqualifiziert wird, dem brauche ich mich nicht zu stellen. Verdrängung ist allemal einfacher als konstruktive Auseinandersetzung. Die generelle Abwertung der Erotik ist nichts anderes als die Ablehnung von Verantwortung gegenüber einem schwierigen und machtvollen emotionalen Komplex. Der Möglichkeit der Manipulation durch das Urbedürfnis der Libido wird ausgewichen durch radikale Leugnung des Bedürfnisses. Letztlich ist das eine Form von Persönlichkeitsentwicklungsverweigerung – würde Freud jedenfalls sagen.
- Aber nicht nur das eigene Triebproblem wird (scheinbar) gelöst, zusätzlich wird eine urreligiöse anthropologische Grunderfahrung gleich miterledigt, nämlich das Problem des echten Bösen. Dass in jedem Menschen Abgründe wohnen, ‚Schatten', wie C.G. Jung formuliert hat, dürfte jedem klar sein, der sich und die Welt mit aufmerksamen Augen verfolgt. Sünde aus biblischer Sicht ist das rätselhafte Phänomen, dass ich in meinem gesamten Lebensvollzug die völlige Übereinstimmung mit dem Willen Gottes immer wieder auch verfehle. Aber diese Frage, u.E. die erste und letzte aller Fragen, ist uns zu schwer, zu drückend, zu unerforschlich, kaum aushaltbar und außerhalb des Glaubens nicht zu beantworten. Deshalb sind wir froh, wenn wir schon keine Antworten haben, wenigstens die Frage loszuwerden. So wirkt es entlastend, wenn ‚Sündigen' nicht mehr auf die Brüchigkeit meiner gesamten Person, sondern auf ausgrenzbare Teil-

bereiche meines Lebens, wie etwa die Erotik, bezogen wird.

Bisweilen ist es auch das gute Essen: „Gestern habe ich wieder gesündigt...". Wem gegenüber eigentlich? Ist die Figur zum ‚Gott' geworden? Dass wir immer noch, zumindest terminologisch, im Strom der augustinischen Tradition stehen, zeigt die Betitelung eines Fernsehmagazins zur Erotik mit ‚Liebe Sünde'. Hier wird ungefähr alles behandelt, was das Thema an Facetten hergibt. Nur ein Thema ist bis zur Unkenntlichkeit verblasst: Erotik in der Ehe.

Die Disqualifikation der Sexualität als Sünde verbannt somit die Urfrage nach dem Bösen und die Realität des Dunklen in mir auf einen Nebenkriegsschauplatz. Nicht mehr ‚Ich' bin unvollkommen, sondern lediglich ‚etwas' in mir.

Augustinus' Verknüpfung von Sexualität und Sünde wirkte sich fast 1500 Jahre verhängnisvoll auf die christliche Sexualethik aus. Verhängnisvoll nicht allein, weil das erotische Erleben vieler Generationen mit einem chronisch schlechten Gewissen belastet worden ist, sondern verhängnisvoll auch deshalb, weil Befreiung *zur* Sexualität immer auch als Befreiung *von* der Religion verstanden wurde und wird. Von der Geschichte her verständlich, von der Sache her aber ganz zu Unrecht, wie wir meinen.

Wieso Leibliches geistlich und Geistiges fleischlich sein kann – das platonische Erbe

Hinzu kommt ein zweiter Aspekt. Das Christentum hat jüdische Wurzeln und die Bibel stellt ihre Grundaussagen in überwiegend israelitisch-jüdischen Kategorien dar.[9] Im Zuge der mittelalterlichen Entwicklung der Theologie aber flossen zunehmend griechisch-philosophische Denkmuster und Terminologien in die Bibelauslegung ein. Im Hinblick auf eine biblische Begriffsgruppe hatte dies ganz besonders schwerwiegende Folgen, nämlich hinsichtlich der Wortverbindung ‚Geist – Fleisch'. Was heißt ‚geistlich' und was heißt ‚fleischlich'? Nach unserem heutigen Sprachempfinden würden wir wahrscheinlich spontan in den Kategorien ‚seelisch – körperlich' antworten. Geistlich wäre dann ‚das Seelische betreffend' und fleischlich hieße soviel wie ‚körperlich'. Entsprechend wäre ein ‚Geistlicher' jemand, der sich des Körperlichen enthielte und schon erscheint der christliche Glaube als leibfeindlich.

Wie ist es zu diesem Verständnis gekommen? Der Grund liegt im unterschiedlichen Charakter jüdischer und griechischer Traditionen. Nach biblischer Auffassung bedeutet ‚geistlich' nämlich nicht ‚seelisch', sondern eher ‚gottgemäß'. Und ‚fleischlich' bedeutet nicht ‚körperlich', sondern eher ‚Gott widersprechend'.[10] Eine berühmte Passage aus einem Paulusbrief mag dies verdeutlichen:

„Offenkundig sind aber die Werke des Fleisches, als da sind: Unzucht, Unreinheit, Ausschweifung, Götzendienst, Zauberei, Feindschaft, Hader, Eifersucht, Zorn, Zank, Zwietracht, Spaltungen, Neid, Saufen, Fressen und dergleichen ..." (Galater 5,19-21)

Ganz deutlich gehören negative *seelische* Regungen wie Neid und Zank zu den *fleischlichen* Werken. Paulus würde es wohl so umschreiben: Alles Nicht-Gott-Gemäße, sei es Körperliches oder Seelisches, trägt das Prädikat ‚fleischlich'. Umgekehrt wäre alles Gott-Gemäße als ‚geistlich' zu bezeichnen, auch wenn es körperliche Bereiche betrifft. Die Liebe, sicherlich die edelste Frucht des Geistes (Galater 5,22), bezieht sich durchaus auch auf den Körper, ja Paulus kann den Körper einen ‚Tempel des Heiligen Geistes' nennen, mit dem wir Gott preisen sollen (1. Korinther 6,19-20), was bezogen auf die Ehe körperliche Liebe nicht aus-, sondern ausdrücklich einschließt, wenn Paulus einschärft, die Eheleute mögen sich in sexueller Hinsicht *nicht* einander ‚entziehen' (1. Korinther 7,5). Fleischlich heißt gottwidrig, geistlich heißt gottgefällig, frei umschrieben.

Was geschieht nun, wenn ein durch die griechische Philosophie geprägter Leser solche Texte liest? Ganz einfach, er versteht ‚geistlich' eben nicht im Sinne von ‚gottgemäß', sondern im Sinne von ‚seelisch', und ‚fleischlich' nicht im Sinne von ‚gottwidrig', sondern im Sinne von ‚körperlich'. Aus der biblischen Hochschätzung des geistlichen Lebens als Gottgemäßheit aller, auch der leiblichen Lebensvollzüge, wird unter der Hand eine Hochstilisierung des ‚Seelischen'. Und das vernichtende Urteil, das die biblischen Schriften über das ‚Fleisch' fällen (vgl. Galater 5,19-21), verkehrt sich zur prinzipiellen Abwertung alles Körperlichen. Für die neuplatonische Tradition[11] bestand nämlich das eigentlich wertvolle Wesen des Menschen in seinem Geist. Der Körper galt als minderwertig, bisweilen sogar als Gefängnis der Seele. Im Laufe der Jahrhunderte haben wir biblische Texte immer mehr durch die griechisch-neuplatonische Brille gelesen. Überall, wo ‚geistlich' steht, haben wir ‚leibfeindlich' gehört.

Ein fataler Irrtum!

Sexualität an sich ist weder zu verteufeln noch zu glorifizieren. Entscheidend ist, wie wir mit ihr umgehen und was wir mit ihr und aus ihr machen. Lieblos, erzwungen oder in hedonistischer Rücksichtslosigkeit praktiziert, gehört sie wohl wirklich in die Sphäre des ‚Fleischlichen'. Liebevoll, auf den Grundlagen von Vertrauen, Hingabe und Treue vollzogen aber wäre sie – frei nach Paulus – als geistlicher Akt zu bezeichnen.

Luther, Käthe und ihre zwei Zöpfe am Morgen

Der Mönch und Reformator *Martin Luther* hat nach vielen Jahren Klosterleben mit dem asexuellen monastischen Ideal gebrochen. Im Juni 1525 heiratete er die entflohene Nonne Katharina von Bora. In leidenschaftlichen Predigten begann er, öffentlich für Ehe und Sexualität einzutreten. Sie sind für ihn „ein göttlich Werk", wie er im Sermon vom ehelichen Stand schreibt.[12] Nichts verlautet mehr von der scholastischen Sexualfeindlichkeit, denn „Samen und dich Mehren ist Gottes Geschöpfe und nicht in deiner Macht".[13] Die allgemeine Einstellung seiner Zeit zur Ehe – beinahe erinnert sie an aktuelle Diskussionen – weist Luther harsch zurück: „Die Welt spricht von der Ehe: Eine kurze Freud und lange Unlust". Solche resignierte Ehementalität führt er auf die Unkenntnis ihres Wesens zurück: „Wer es aber erkennt, der hat Lust, Liebe und Freude darinnen ohn Unterlass, wie Salomon sagt, dass ‚Wer ein Weib findet, der findet Gutes' etc.".[14] Ausdrücklich charakterisiert Luther die Ehe auch als Ort der Erotik: „Es meinen aber viele damit dem ehelichen Stand zu entlaufen, dass sie eine

Zeitlang wollen ausbuben (= sich austoben) und darnach fromm werden ... Warum kommt man aber der Büberei nicht zuvor durch die Ehe?".[15]

Kurzum: Die Ehe soll nicht das *Ende*, sondern der *Ort* der Lust sein. Das war nicht weniger als eine Revolution gegen die geltende Sexualmoral.[16] Seine Käthe liebte er über alles. Besonders, wenn er am Morgen aufwachte und ihre Zöpfe neben sich liegen sah, wurde ihm bewusst: „Es gibt keine süßere Verbindung als die einer guten Ehe...".[17]

Luther wusste eben, wovon er sprach...

‚Appetitus ad mulierem est bonum donum Dei' (das Begehren nach der Frau ist ein gutes Geschenk Gottes) soll er mal gesagt haben.[18] Kunststück, dass er, um Rat hinsichtlich der Häufigkeit erotischen Erlebens gefragt, empfahl:

In der Woche zwier...

Wohlan!

Immanuel Kant und die Vernüchterung der Emotion

Als ‚Vertrag zur gegenseitigen Nutzung der Geschlechtsorgane' hat der Philosoph *Immanuel Kant* (1724 – 1804) die Ehe bezeichnet. Auf die moralische Verdammung durch die Scholastik und die Wiederentdeckung des Natürlichen durch Luther folgt nun die Vernüchterung durch die Philosophie. Das Wesen der Erotik dürfte der Junggeselle aus Königsberg[19] damit wohl kaum erfasst haben. Emotionaler Sprengstoff lässt sich eben nicht abstrakt regulieren und es ist gut, dass dies auch die Gesetzgebung erkannt hat. Die juristische Einforderung der ‚ehelichen Pflicht' führt zu allen möglichen Konsequenzen, äußerst selten aber zur sexuellen Erfüllung von zwei Nicht-Liebenden.

Ein Gegenschlag: Von der Enttabuisierung bis zur Vermarktung

Die 60er: Oswalt Kolle und die Enttabuisierung

Dass die offizielle moralische oder theologische Theorie immer der real existierenden Sexualethik entsprochen hätte, darf zu Recht als Mythos gelten. Im Volk sah es zu allen Zeiten anders aus als im akademischen Kopf. Mittelalterlicher Minnegesang, mit ‚nackter Kunst' gezierte Kirchenwände, die fantasiereiche Vorstellung von Engeln als kleinen, fliegenden und nur spärlich bekleideten Mädchen, die Renaissanceexzesse oder die berühmten ‚wilden 20er' sind nur einige Beispiele für die unzerstörbar vitale Kraft der Libido. Letztlich lässt sich die biologische Urenergie eben nicht zähmen. Warum auch? Aber wohlgemerkt:

So wie Verdrängung krank macht, so führt Ausschweifung ins Chaos. Was wir brauchen ist eine Kultivierung, eine positive Nutzung unseres Eros im Dienst der Liebe. Das beglückt.

Zu den Zeiten großer Gegenbewegungen gegen die Unterdrückung menschlicher Lust gehört auch das Ende der 60er Jahre. Es war eine turbulente Zeit. Studentenbewegung, Mondlandung, Woodstock und Vietnamkrieg hielten die Menschheit in Atem. Im deutschsprachigen Raum erregte *Oswalt Kolle* die Gemüter mit Filmen, Illustriertenreporten und seinem Buch ‚Das Wunder der Liebe'.[20] Kolle nannte die Dinge hemmungslos beim Namen. Im Klappentext seines Buches hieß es damals:

> „Sexualität ist heute nicht mehr tabu. Aber es genügt nicht, darüber zu reden und zu schreiben, dass Sexualität kein Tabu ist. Man will wissen, was Sexualität ist, was sie sein soll und was sie bedeuten kann. So viele Menschen – so viele Fragen. Fragen, denen unzählige Generationen vergeblich nachliefen, Berge von Fragen, die die Sexualität schließlich überdeckten. Und nun: Antworten über Antworten an Millionen von Lesern..."

Kolle beschrieb die menschliche Sexualität ausführlich in all ihren Facetten. Er gab Antworten auf Fragen, die manch einer bis dato wohl kaum zu stellen gewagt hätte, jedenfalls nicht öffentlich. Er stellte die biologischen und psychologischen Grundzüge des menschlichen Sexualapparates dar und gab Hinweise, wie er liebevoll und erfüllend zu bedienen ist. Mit seinem Enttabuisierungsprogramm wurde er zur Symbolfigur eines regelrechten Dammbruches innerhalb der abendländischen Sexualkultur. Plötzlich sprach man öffentlich über Erotik, geheime Wünsche und Sehnsüchte in mancherlei Hinsicht. Die zum Teil äußerst heftige Gegenreaktion des Bürgertums zeigte: Kolle hatte Sperrgebiet betreten. Sein Thema aber war absolut dran. Nur schade, dass sich mit den Grenzen neurotischer Tabuisierung zugleich auch die Kategorien Ehe, Vertrauen und Treue aufzulösen begannen. Na ja, schon so manch ein Revoluzzer hat das Kind mit dem Bade ausgeschüttet.

Die 70er und 80er: Von der Emanzipation der Erotik aus der Ehe bis zum Hardcore-Marketing
Softpornos Anfang der 70er begannen, die neue Freizügigkeit kommerziell zu nutzen, hatten aber von den berechtigten Anliegen sexueller Aufklärung so gut wie nichts verstanden – oder sie missbraucht, je nach Sichtweise. Daran änderte auch der berühmte Kinsey-Report nichts. Im Gegenteil, die dümmlich-peinlichen Schulmädchen- und Lederhosen-Möchte-Gern-Schocker präsentierten eine niveau- und kulturlose ‚Erotikblasphemie', die das erotische Know-How liebender Paare wohl kaum wesentlich erweitert haben dürften. Kochen lernt man eben nicht in einem Drive-In-Fastfood-Restaurant. Erfüllende Erotik erst recht nicht. Die Popkultur hat dies nie ganz vergessen. In Musicals wie ‚Grease' war die Sexualität zwar auch längst aus der Ehe ausgewandert, aber eine Ahnung davon, dass sich Glück vielleicht doch erst *innerhalb* einer vertrauten Liebesbeziehung entfaltet, hatte John Travolta durchaus. Letztlich sang und tanzte er ja doch allein für Sandy...

> Immerhin hat eine Umfrage der Zeitschrift FAMILY[21] ergeben, dass sich treue Paare sexuell zufriedener fühlen. 64 % signalisieren eine ‚hohe', 25,5, % eine ‚mittlere' und lediglich 10,5 % eine ‚niedrige' Zufriedenheit.

All dies geht dem Hardcore-Marketing völlig ab. Hier ist die Erotiksehnsucht auf den eigentlichen ‚Gott' unserer Gesellschaft reingefallen: Konsum. Was nichts kostet, ist nichts, und was man nicht kaufen kann, ist nichts wert. Erotik als Selbstbedienungsladen. Nur, dass Liebe eben keine ‚Ware' ist. So kann man fast alles kaufen – aber Liebe nicht ... So wenig, wie das ewige Leben, denn kaufen kann man immer nur ‚Leben aus zweiter Hand'.

Paulus wusste das noch:

„Hätte ich die Liebe nicht, so wär's mir nichts nütze..." (1.Korinther 13,3).

Die 90er: Die neue Sehnsucht nach Zärtlichkeit, die Neuentdeckung der Unterschiedlichkeit der Geschlechter und die Desillusionierung in Sachen Leidenschaft

Die neue Sehnsucht nach Zärtlichkeit
Seit der Entehelichung und der Vermarktung von Sexualität geistert der Mythos der ständigen erotischen Erfüllung ungebundener und allein lebender Menschen durch die Traumwelt der Medien. Dass es sich hier um einem Mythos handelt, hat eine amerikanische Studie erwiesen:

„Denkt man an die sexuellen Botschaften, die uns täglich überfluten, könnte man meinen, die Amerikaner seien ein sexbesessenes Volk. Werbespots, in denen glutäugige junge Frauen einen Mann anschmachten ... Junge und schöne Menschen mit makellosen Zähnen, seidigem Haar und durchtrainiertem Körper strahlen vor Dynamik und Sex-Appeal ... Singles, die ständig die Partner wechseln, die jungen Geschiedenen und die

Verheirateten, die sich außerhalb der Ehe noch Sex holen. Diese Personengruppen prägen unsere Vorstellungen von einem aufregenden Sexualleben, bei dem Männer und Frauen häufigen und lustvollen Geschlechtsverkehr haben. Ihr Highlife steht im Gegensatz zum angeblich faden Sexualleben der Verheirateten, das nur noch aus der routinemäßigen Kopulation zweier Menschen besteht, die in einer Beziehung gefangen sind, in der die Flamme der Leidenschaft längst erloschen ist." [22]

Über das anvisierte Publikum heißt es:

„Dabei tritt eine Gesellschaft voller unerfüllter Wünsche zutage, in der Kummer und Frustration über das verschlossene sexuelle Paradies herrschen".[23]

Die Ergebnisse der Untersuchung aber zeigen:

„Unseren Erkenntnissen zufolge gibt es keine gesellschaftliche Gruppe, die herausragend viele Sexualkontakte hätte. Und nicht die Jungen und Ungebundenen haben den meisten Geschlechtsverkehr, sondern die Verheirateten".[24] „Ehepaare haben am häufigsten Verkehr und empfinden das meiste Vergnügen dabei. Die jungen Singles, die ständig den Partner wechseln und angeblich das aufregendste Sexualleben haben, sind überwiegend eine Erfindung der Medien".[25]

Hätten Sie das gedacht?

Kaum anzunehmen, dass die Verhältnisse in unserem Land wesentlich anders sind. Immerhin wusste der FOCUS, der bereits 1994 eine ‚Neue Sehnsucht nach Gefühl' konstatierte, im Jahre 1997[26] mitzuteilen, dass ca. 54 % der Westdeutschen Liebe, leibliches und seelisches Verständnis sowie Treue und Vertrauen als Grundlage einer gelingenden Ehe ansehen. Zum Vergleich: 1977 waren es nur 16 %, im Jahre 1986 gerade mal 19 %.

Der Soziologe *Thomas Klein* führt sogar das Ansteigen der Scheidungszahlen auf den grundsätzlich hohen Stellenwert von Beziehung zurück: Trennungen beweisen, „dass die Beziehung heute einen höheren Stellenwert besitzt als früher ... Ehe und Partner sind so bedeutend, dass man einfach keine unbefriedigende Beziehung aufrechterhalten möchte".[27]

Die Neuentdeckung der Unterschiedlichkeit der Geschlechter
Hat man jahrelang Gleichberechtigung und Gleichwertigkeit mit Gleichartigkeit der Geschlechter verwechselt, so kehrt sich der Trend in jüngster Zeit um. ‚Gender – Geschlechtergerechtigkeit' heißt das neue Stichwort. Mit unterschiedlicher Akzentuierung werden neue Charakterisierungen des typisch Weiblichen und des typisch Männlichen entworfen.

> Bereits die Buchtitel sind Programm. Einige Beispiele mögen genügen[28]: Eine hirnphysiologische Grundlegung geschlechtsspezifischer Prägungen findet sich in *Anne Moirs* und *David Jessels* Buch ‚Brainsex – Der wahre Unterschied zwischen Mann und Frau'. Seine Hauptthese, den intuitiven Vorteil der Frau, haben wir andernorts dargestellt.[29] *Allan* und *Barbara Pease* antworten auf die Frage ‚Warum Männer nicht zuhören und Frauen schlecht einparken', und *John Gray* behauptet ‚Männer sind anders, Frauen auch'.

Was die neue Sichtweise für unsere Erotik austrägt, werden wir weiter unten zeigen. Unsere Erfahrung aber zeigt, es ist was dran an diesen Überlegungen, und je intensiver wir uns um die Eigenarten unseres Gegenüber kümmern, desto enger rücken wir zusammen. Ist doch klar, warum! Gegensätze ziehen sich an.

Die Desillusionierung in Sachen Leidenschaft
Einen ganz neuen Gesichtspunkt bringt *Michael Mary* mit seinem Buch ‚5 Lügen – die Liebe betreffend' ein.[30] Mary ist der Meinung, dass sich eine lange vertrauensvolle Beziehung und leidenschaftliche Erotik prinzipiell ausschließen. In Wahrheit schütze sich eine Beziehung unbewusst auf Dauer vor Leidenschaft, um bestehen zu können. Mündige Arbeit am Erhalt des erotischen Feuers innerhalb der Langzeitbeziehung sei kontraproduktiv, da sich das rauschhaft Euphorische der Machbarkeit entziehe.

„Die Behauptung, eine gesunde Beziehung beruhe auf gesunder Sexualität, stempelt Millionen Menschen zu Versagern ab. Es würde nämlich bedeuten: Wer sich liebt, muss sich begehren, wer sich nicht mehr begehrt, liebt sich nicht. Und das stimmt so nicht."[31]

Die Frustration werde also nicht durch mangelnde Sexualität, sondern durch die zeitgeisthafte Einforderung derselben hervorgerufen. Marys Lösung: Es ist keine Katastrophe, wenn erotische Spannung erlischt und statt dessen Vertrauen gewachsen ist.

Wie? Sind erotische Spannung und Vertrauen etwa Gegensätze? Ist guter Sex nur mit Misstrauen zu paaren? Wir haben Herrn Mary gefragt:

Lehnert: Herr Mary, Ihr neues Buch 'Die 5 Lügen' ist in kurzer Zeit zum Bestseller avanciert. Dabei zeigen Sie kaum Wege zur

> erfüllten Erotik auf, plädieren vielmehr für's Runterschrauben der Ansprüche. Wie ist das zu erklären?
>
> *Mary*: Ich denke, Menschen haben die Nase voll von 'aufgezeigten Wegen'. Jemand den Weg zu erfüllter Erotik aufzeigen zu wollen ist ähnlich vermessen, wie ihm den Weg zu einem erfüllten Leben aufzuzeigen. Solche 'aufgezeigten Wege' können weder die individuelle Lebensgeschichte noch die Lebensziele noch die Fähigkeiten der Partner berücksichtigen und funktionieren daher nicht. Wenn Ideale derart hoch hängen, dass keiner mehr dran kommt, so wie das bei der Vorstellung 'dauerhaft erfüllter Erotik' mit einem Lebenspartner der Fall ist, stimmt etwas mit den Idealen nicht, und dann ist es besser, sie tiefer zu holen als daran zu verzweifeln. Im übrigen habe ich nichts gegen den Versuch, Erotik in der Beziehung zu erhalten, aber viel gegen das Versprechen der Machbarkeit.

Wir finden, Mary hat Recht und doch nicht Recht. Recht hat er darin, dass überhöhte Ideale mehr frustrieren als motivieren. Unrecht hat er, wenn das hieße, auf Ideale ganz zu verzichten. In der Konsequenz fördert so was Lethargie, und das frustriert erst recht. Emotionale Bereiche unterliegen nicht gänzlich dem Willen, darin hat er Recht, aber der Wille ist ihnen auch nicht ausgeliefert, darin hat er Unrecht. Der emotionale Bereich unterliegt stärker der mündigen Beeinflussung als uns bewusst ist, sonst wäre der Mensch ein reines Triebwesen. Machbarkeitswahn ist gefährlich, Ohnmachtsideologie aber auch...

> *Lehnert*: Dass alles machbar ist, wird wohl niemand ernsthaft versprechen. Aber dass Menschen die 'Nase voll haben' von Hilfestellungen, widerspricht unserer Erfahrung. Viele, die zu uns kommen, klagen darüber, dass sie in ihrer bisherigen Beratung kaum konstruktive Hilfen erhalten haben. Wenn es

gelingt, gemeinsam einige Ursachen für erloschene Erotik aufzuzeigen, sagen sie: ‚Das hat uns noch nie jemand gesagt' und sind manchmal verblüfft, was plötzlich alles geht. Wir denken an ein Paar, das nach zehn Jahren Ehe noch nie über seine geheimsten Sehnsüchte offen miteinander gesprochen hat. Warum sollen sie sich Erfüllung woanders suchen, sie haben sich ja selbst noch gar nicht entdeckt?

Mary: Wer behauptet, es gäbe grundsätzlich Ursachen für erlöschende Erotik, stellt de facto ein Machbarkeitsversprechen auf. Dabei habe ich nichts gegen den Versuch, der Leidenschaft mögliche Hindernisse aus dem Weg zu räumen und habe selbst darauf hingewiesen, dass es durchaus 'Reserven' erotischen Erlebens in einer Beziehung geben kann. Hilfestellungen oder Lernen sind o.k. Sie erlösen aber nicht vom Widerspruch zwischen Bindung und Begehren und heben den Mechanismus, dass eine Beziehung sich vor allzu viel Leidenschaft schützt, nicht auf. Auch wer durch Sexualtherapie oder Tantra lernt, über seine Bedürfnisse zu sprechen und sie im erotischen Kontakt einzubringen, kann sie deshalb keineswegs steuern. Die so befreite Sexualität kann ebenso Wege aus der Ehe suchen.

Dass Bindung das Begehren zwangsläufig untergraben muss, leuchtet nicht ein. Bindung und Vertrauen kann auch zu einer schamloseren und damit erotisch aufgeladeneren Intimität führen, wie wir später zeigen werden. Gerade die Einbettung der erotischen Grenzüberschreitung in den geschützten Raum der treuen Beziehung hat etwas Einzigartiges an sich. Die gemeinsame erotische Entdeckungsreise kann über viele Jahre in immer tiefere Gefilde vordringen, aber nur, wenn wir in Durststrecken nicht aufgeben.

Lehnert: Welche Möglichkeiten sehen Sie, die 'Reserven erotischen Lebens' in einer Beziehung zu entdecken und zugunsten der Beziehung freizusetzen?

Mary: Ich denke nicht, dass man grundsätzlich davon ausgehen sollte, dass solche Reserven vorhanden sind. Aber es lohnt natürlich, dies zu überprüfen. Eine Möglichkeit bestünde darin, den Verlauf der erotischen Entwicklung nachzuvollziehen ... Wann bestand erotische Anziehung, wodurch ging sie zurück, wo flackerte sie wieder auf usw., um schließlich die Frage beantworten zu können: 'Was braucht unsere Beziehung, um erotische Spannung aufzubauen'. Was die Beziehung braucht, ist aber nicht unbedingt identisch mit den Vorstellungen der Partner. Beispielsweise könnte die Beziehung viel mehr Abstand brauchen als den Partnern lieb wäre. Eine weitere Möglichkeit wäre, einander Träume und Fantasien mitzuteilen und dann die Resonanz der Beziehung wahrzunehmen. Wenn durch die Mitteilung eine erotische Spannung zwischen den Partnern entsteht, kann dies ein Wegweiser sein.

Wir haben erfahren: Grundsätzlich davon auszugehen, dass erotische Reserven vorhanden sind, ist die beste Basis neuer Entdeckungen im Reich der Zweisamkeit. Die Diskussion umkreist den Ort, auf dem unsere 12 Denkanstöße angesiedelt sind, auf dem Grat *zwischen* Machbarkeit und Lethargie. Das Problem sexueller Disharmonie durch Abwertung seiner Relevanz zu entschärfen, kann nicht die Lösung sein. Der Leidensdruck und die Defiziterfahrungen bleiben, es sei denn, uns reicht die Abstumpfung. Genau in der Mitte zwischen Illusionsverliebtheit und Ergebung, im Zusammenspiel aller emotionalen, sozialen, biologischen, religiösen, psychologischen und sonstigen Faktoren, konstruktive Einsichten zu vermitteln und Anregungen aufzuzeigen, wie Sie ins Feuer Ihrer Eheglut ein wenig Öl gießen können, das ist unser Anliegen.

Und wir haben erfahren, es geht nicht alles, aber es geht mehr als wir ahnen, und zwar ehe wir's verlernen ...

EHE Sie's verlernen

... sollten Sie sich Rechenschaft geben über die Faktoren, die Ihre persönliche Einstellung zur Sexualität geprägt haben.

... sollten Sie sich nicht gegenseitig die alleinige Verantwortung für gesamtgesellschaftliche Entwicklungen zuschieben.

... sollten Sie den Grat zwischen Machbarkeitswahn und Lethargie betreten und die Herrschaft über alle internen und externen Fremdeinflüsse auf Ihre Seele übernehmen.

 **Merke**

Unsere innere Einstellung zur Sexualität ist immer auch geprägt von der weltanschaulichen Großwetterlage.

Was Generationen vor uns gedacht haben, findet seinen Reflex in zeitgenössischen Überzeugungen.

Wer die Geschichte anthropologischer Ideen kennt, versteht sich selbst ein wenig besser.

3. „... und sie werden ein Leib sein" (1.Mose 2,24) – Grundlagen der Erotik

Nach den historischen Aspekten nun ein paar grundsätzliche Anmerkungen zum Phänomen der Sexualität. Dass es hinsichtlich des immensen Facettenreichtums dieses Themas neben den psychologischen bei einigen wenigen Gesichtspunkten bleiben muss, bedarf keiner gesonderten Begründung.

Dimensionen menschlicher Sexualität

Die biologische Dimension[32]
Sexualität hat viele Dimensionen, eine davon ist die biologische. Sowenig man Bedeutung und Funktion von Sexualität auf die *Fortpflanzung* einschränken darf, sowenig sollte man die biologische Dimension gänzlich von ihr abkoppeln. Wie man's auch dreht, letztlich geht es – biologisch betrachtet – um die Zusammenführung von Samen und Eizelle. Die ganze Verhütungsindustrie hat nichts anderes zu tun, als sich Gedanken genau über Vermeidungsstrategien in dieser Hinsicht zu machen. Und nebenbei bemerkt: Der Wille zur Zeugung gibt der Sexualität einen ganz besonderen Kick.

- Uneinigkeit zwischen Paaren in Sachen Kinderplanung oder Angst vor ungewollter Schwangerschaft kann zu erheblichen Belastungen ehelicher Erotik führen.
- Das sexuelle Verlangen hängt bei Frauen in stärkerem Maße von der inneren biologischen Uhr ab als bei

Männern. Männer, die den Zyklus ihrer Frau ein wenig beobachten, können das bestätigen.[33]
- Die sexuelle Bereitschaft von Frauen verändert sich nach der Geburt sehr viel häufiger als bei Männern.[34] Für sie ist *eine* wesentliche Aufgabe von Sexualität erfüllt. War es aus ihrer Sicht die entscheidende, kann's kritisch werden. Erst nach Erledigung der biologischen Primärfunktion nämlich zeigt sich, wie vital die übrigen Bänder der Beziehung sind. War das ‚Familienprojekt'[35] das Hauptband, kann es sein, dass die wesentliche Verbindung der Partner im Vater-Mutter-Kind-Spielen besteht und Erotik allmählich zurücktritt. Sind sich beide darin einig, geht die Sache klar. Gerät aber einer in sexuellen Notstand, sollten sie schleunigst darüber sprechen.

Auch das Geheimnis der *Partnerwahl* unterliegt mehr als gemeinhin angenommen biologischen Faktoren. Experimente wie etwa der ‚verschwitzte T-Shirt Test' des Schweizer Zoologen *Claus Wedekind* haben gezeigt, dass der weibliche Geruchssinn eine hohe Sensibilität für die Mischung männlicher Immun-Gene aufweist.[36]

Frauen sollten an Kartons riechen, in denen von Männern getragene T-Shirts lagen, und den Duft wählen, zu dem sie sich am stärksten hingezogen fühlten. Das Ergebnis war verblüffend. Die Frauen wählten den ‚Mann', dessen Immun-Gen dem eigenen möglichst fremd war und die eigene Gen-Struktur optimal ergänzte. Frauen, die mit der Pille verhüteten und von daher einen erhöhten Östrogenpegel hatten, wählten einen dem eigenen ähnlichen Gen-Typ. Die Pille verhütet also nicht nur die Empfängnis, sondern auch die biologisch beste Wahl hinsichtlich des günstigsten Erbgutes.

Nicht zufällig ist der Körpergeruch im Volksmund zur Metapher geworden: Wen ich nicht ‚riechen' kann, den sollte ich vielleicht doch nicht zum Partner nehmen. Dann stimmt womöglich die ‚Chemie' nicht. Interessant an diesem Experiment: Der richtige ‚Riecher' bei der Partnerwahl geht biologisch gesehen offensichtlich von der Frau aus ...

Der Vollständigkeit halber sei erwähnt, dass zur biologischen Seite der Erotik auch schlicht *Triebbefriedigung* gehört. Paare, die sich auf dieser Ebene, auch jenseits großer romantischer oder ekstatischer Erwartungen, regelmäßig gegenseitig liebevolle Dienste erweisen, gewähren sich bereits eine gehörige Portion Gutes. Auch Gipfelstürmer haben irgendwann mal am Fuß des Berges begonnen. Wer alles sofort will, erhält langfristig zu wenig.

Die medizinische Dimension
Die medizinische Dimension von Erotik zeigt eine Untersuchung aus dem Jahre 1993.[37] Sexualwissenschaftler aus Wien und Berlin behaupten: Menschen mit aktivem Sexualleben werden seltener krank!

- Befriedigender Sex tut der Seele gut und das stärkt die Immunkräfte. Zärtlichkeiten führen zur Ausschüttung von Neurohormonen, das hebt die Stimmung.
- Sex baut Stress ab durch Bildung von Neurotransmittern. Menschen mit befriedigendem Sex sind außerdem weniger ängstlich.
- Regelmäßige Sexualität stabilisiert den weiblichen Zyklus durch Anregung der Keimdrüsentätigkeit in den Eierstöcken.

- Sex hält den Kreislauf stabil, denn er treibt – wie beim Joggen – die Pulsfrequenz von 60/70 auf 142/150 Schläge pro Minute.
- Küssen soll zu besserer Hautdurchblutung führen.
- Der durch erotische Faszination ausgelöste Hormon-Cocktail veranstaltet ein regelrechtes ‚Feuerwerk der Sinne'. Die allgemeine Sensibilität und Wahrnehmungsfähigkeit verbessert sich.
- Und dass man nach getanem Werk auch besser schläft, dürfte zum sexualpsychologischen Allgemeinwissen gehören.

Alles in allem: Erfüllte Sexualität führt zu einem positiveren Lebensgefühl mit Rückwirkung auf die Gesamtausstrahlung.

Leider stimmt allzu oft auch die Umkehrung ...

Die soziologische Dimension
Zieht sich in biologischer Hinsicht genetisch Gegensätzliches an, so gilt das in soziologischer Hinsicht weniger. *Thomas Klein* hat herausgefunden: Gleich und Gleich gesellt sich immer noch gern.[38] Bildung, gesellschaftliche Stellung und Attraktivität bleiben in der Regel innerhalb derselben Preisklasse. Generell lässt sich sagen: Beruflicher Erfolg und hoher sozialer Status von Männern üben einen positiven Einfluss auf ihre erotische Attraktivität aus. Statistisch legen 53 % der Frauen Wert auf den beruflichen Erfolg ihrer Partner, umgekehrt sind es nur 30 %. Dafür legen Männer in der Regel größeren Wert auf die optische Erscheinung ihrer Herzensdame. Dieses Phänomen sollten Sie im Blick behalten, denn es birgt gewisse Risiken:

Der Sozialpsychologe *Ronald Henss* erklärt: „Frauen haben den Nachteil, dass die Zeit, in der sie auf dem Partnermarkt eine sehr hohe Währung, nämlich ihr Aussehen zu bieten haben, stark begrenzt ist. Auf der anderen Seite kann man fragen, wie viele 50-jährige Männer werden von Frauen begehrt? In der Regel nur die, die einen hohen sozialen Status haben."[39]

Offensichtlich gibt es eine Art Schere in der individuellen Attraktivitätsgeschichte. Der langfristig abnehmende biologische Marktwert wird allmählich ersetzt durch sozialpsychologische Faktoren, wie Standing und Erfolg, aber auch Vertrautheit, Freundschaft und die immer länger werdende gemeinsame Lebensgeschichte.

In jedem Falle dient Erotik, auch wenn sie sich im Laufe der Jahre quantitativ und qualitativ verändern mag, langfristig der *Beziehungspflege*. Man könnte sie als liebevolle kommunikative Körpersprache bezeichnen. Geist *und* Körper müssen miteinander sprechen, denn wir sind nie nur das eine oder nur das andere, sondern immer beides zugleich. Das verweigerte verbale Gespräch signalisiert den Abbruch einer Beziehung, das verweigerte körpersprachliche Gespräch auch.

Wir haben andernorts unsere These von der Korrelation zwischen ‚Mund' und ‚Muttermund' dargestellt.[40] Zwischen der Gesprächsbereitschaft von Männern (Mund) und der sexuellen Bereitschaft von Frauen (Muttermund) existiert ein geheimnisvoller Zusammenhang, den viele Paare nicht entdeckt zu haben scheinen, wie die Beratungspraxis zeigt.

War Ihnen das bewusst?

‚Du und Ich – wir beide'. Geschlechtsspezifische Unterschiede im sexuellen Erleben

Die grundlegenden Strukturunterschiede zwischen den Geschlechtern in hirnphysiologischer Hinsicht sind seit längerem bekannt und diskutiert worden.[41] Wie unser kurzer Blick in die Geschichte der Erotik gezeigt hat, werden nun in jüngster Zeit ebenfalls die geschlechtsspezifischen Unterschiede des erotischen Erlebens von Männern und Frauen neu entdeckt und beschrieben. Besonders die bereits erwähnten Bücher von *J.Gray* und *A. & B. Pease* sind hier zu nennen.[42]

Was will *sie*? Was will *er*?

In Punkto Sexualität gibt es zwei fast zum Dogma erhobene Grundstereotypen:

Er: Weiß der Himmel, was die Frauen eigentlich wollen...
Sie: Männer wollen nur das Eine...

Also, was will *sie*? Und was will *er*?

Wir sind uns der Gefahren vereinfachender Schematisierung höchst verwickelter Gefühlskomplexe sehr bewusst. Aber es nicht zu versuchen, hieße, besser überhaupt nicht davon zu sprechen, und das würde erst recht nichts bringen. Wie immer gilt: Wir beschreiben Tendenzen, keine ewigen Wahrheiten. Was Sie herausbekommen müssen, ist die Antwort auf die Frage: Wie sieht es eigentlich *bei uns* aus? Wenn bei *Ihnen* alles ganz anders ist, auch gut! Wichtig ist, dass Sie *sich, Ihrem Partner/Ihrer Partnerin* und *Ihren* gemeinsamen bzw. unterschiedlichen Bedürfnissen und Sehnsüchten auf die Spur kommen.

Also, wagen wir's. Nennen wir einige stereotyp auftretende Phänomene einfach mal beim Namen.

1. Männliche Sexualität hat in gewissem Sinne eine *aggressive* und *abladende* Grundausrichtung. Er will in einen anderen Körper eindringen, ihn ‚erobern', wie der ältere, oder ‚aufreißen', wie der jüngere Volksmund sagt. Dann will er etwas abgeben, in ihr hinterlassen. Weibliche Sexualität hat eine in gewissem Sinne *verletzbare,* aber auch *verschlingende* Grundausrichtung. Sie wird, beim ersten Mal sogar im wörtlichen Sinne, ‚verletzt' und nimmt etwas in sich auf. Am Ende verbleibt ‚sens' in ihr. Er ist nachher ‚leer', irgendwie ‚gereinigt'. Und sie? Fühlt sie sich nachher irgendwie ‚benutzt' und ‚beschmutzt'? Ist dies möglicherweise ein Grund dafür, dass Männer in der Regel häufiger wollen als Frauen?

2. Der Mann geht *aus sich heraus.* Er muss sich nicht öffnen. Die Frau lässt jemand anderes *in sich hinein.* Das ist immer ein Risiko. Sie muss sich öffnen. Agiert er zu schnell, verschließt er sie. Öffnet sie sich zu langsam, verstärkt sie seinen Druck. Aber: Öffnet sie sich zu ungeduldig oder zu maßlos, gerät er in Leistungsdruck.

3. Er ist *schnell* erregbar, sie meist *langsamer.* Er kann in 15 Sekunden hochschalten und von 0 auf 100 durchstarten. Sie fährt mit Automatikgetriebe, das braucht länger. Er fährt mit Super, sie mit Diesel. Prescht er los, hängt er sie ab und kommt ohne sie an. Dann fühlt sie sich verlassen oder missbraucht. Fährt sie zu gemächlich, dreht er durch und verpatzt womöglich alles.

4. Er wird durchaus auch durch *beziehungsexterne* Reize erregt (Bilder, Werbung ...). Davon lebt das Internet. Sie

wartet auf *beziehungsinterne* Reize (Zuwendung, Verständnis, Zärtlichkeit, Einfühlsamkeit ...). Davon lebt ihre Fantasie.

5. Er ist leicht durch *optische* Reize stimulierbar (Nacktheit, Kleidung, Kosmetik ...). Sie sucht auch *verbale* Zuwendung (gute Gespräche, Komplimente ...). Er liebt Negligees, sie denkt: „Wenn's dir gefällt ...". Männer lieben die direkte gezielte Berührung, Frauen bevorzugen indirekte Stimulationen, zumindest anfänglich.

6. Männer sind *ungeduldig*. Frauen lieben liebevolle *Vorbereitung*. Er liebt den Quickie *vor* dem Ausgehen. Sie betrachtet das gemeinsame Abendessen als *Präludium*. Die Fuge kann einfach im gemeinsamen Einschlafen bestehen. Sie genießt so was. Er versteht nichts mehr.

7. Männer streben nach *körperlicher Vereinigung* (in mancherlei Spielarten) mit dem Ziel des Orgasmus. Frauen genießen auch die *‚Beziehung an sich'*. Die Qualität von Erotik hat mit dem Orgasmus nur bedingt zu tun. Das entbindet männliche Liebeskunst allerdings nicht von der Aufgabe, sich auch um ihren Höhepunkt zu kümmern.

Insofern bietet der vieldiskutierte Sternartikel vom Juni 2001[43] eine männlich geprägte Sicht von Sexualität, auch wenn er von einer Frau geschrieben wurde. Hoffnung auf ein erfülltes Sexualleben wird hier durch Verabreichung des Männerhormons Testosteron geschürt, und das, obwohl der Artikel ausdrücklich ‚Partnerprobleme' als eine der Hauptursachen von Sexualstörungen nennt. Die Reduktion von Sexualität auf eine medikamentös stimulierte Orgasmuserotik dürfte eheliches Glück wohl kaum erheblich fördern. Pharmazeutische

Symptombehandlung behebt keine Krankheitsursachen, im Gegenteil, sie verdeckt sie.

Alles in allem fassen Frauen den Begriff „Sexualität" in der Regel weiter als Männer. Vielleicht lässt es sich so umschreiben: Erotik ist für sie jede Erfahrung, das eigene Geschlecht in Komplementarität zum Anderen zu erleben. Koitus und Orgasmus sind lediglich Bestandteile dieser Gesamterfahrung.

- Für Frauen ist Erotik alles, was in der *Beziehung* stattfindet.
- Für Männer ist Erotik alles, was im *Bett* stattfindet. *Erotik*

Das sei kritisch zu dem ansonsten hochinteressanten Ansatz von J. Gray angemerkt. Aus männlicher Sicht besteht das erotische Ziel stets im Orgasmus. Als starres Prinzip gehandhabt vergewaltigt diese Haltung die weibliche Erotik genauso, wie das lieblose Desinteresse an ihrer Lustkurve sie missachtet. Nichts gilt immer. Finden Sie heraus, was für Sie passt!

In diesem Zusammenhang sei auf eine für liebende Männer recht skurril wirkende Beobachtung hingewiesen. Die Frauen, die um die Liebe ihrer Männer werben, sind gelegentlich bereitwilliger, *seinen* Bedürfnisse entgegenzukommen als solche, die sich der Liebe ihrer Männer sicher wähnen. Sie tun (fast) alles, um Liebe zu erlangen. Sie investieren *Erotik,* um *Beziehung* zu erhalten. Frauen, die sich geliebt fühlen, brauchen Sex nicht so häufig (was nicht heißt, dass zurückhaltende Ehefrauen mehr geliebt würden). Sie genießen die Beziehung, vergessen aber hin und wieder, dass genau diese durch allzu große sexuelle

Zurückhaltung gefährdet wird, vornehm ausgedrückt. Wieder ist es paradox:

- Liebende Männer müssen lernen, die sexuelle Zaghaftigkeit ihrer Frauen als Bestätigung der Beziehung anzusehen – denn so kann sie gemeint sein –, nicht als deren Infragestellung.
- Liebende Frauen müssen lernen: Ihr Mann lebt eben gerade nicht von der Beziehung allein, sondern von jeder Berührung, die von ihr ausgeht.

8. Viele Männer haben Sonderbedürfnisse hinsichtlich *sexueller Praktiken*. Viele Frauen haben Sonderbedürfnisse hinsichtlich erlebter *Personalität*. Er wünscht sich *etwas* von ihr. Sie aber wünscht sich *ihn*.

Publikationen über Sexualpraktiken gibt es ohne Ende. Das vielleicht berühmteste Buch nach dem Kamasutra ist Wild Thing von *P. Joannides*.[44] Hier erfahren Sie über Technik alles, über Liebe nichts. In praktischer Hinsicht über die ‚wilden Dinge' Bescheid zu wissen, ist eine wichtige Voraussetzung, aber noch keine Garantie für erfüllende Erotik.

Langfristig könnte es – nur nebenbei bemerkt – gewinnbringender sein, gemeinsam mit dem Partner von selbst hinter die entsprechenden Geheimnisse zu kommen. Zu zweit auf intime Entdeckungsreise zu gehen in ein Land, das nur *Sie beide* bewohnen und sonst niemand, hat einen Hauch von Exklusivabenteuer an sich – auch kein schlechtes Argument für Treue, oder?

Wir finden: Jede Beziehung hat ein Recht auf ihre persönliche, unverwechselbare und nicht austauschbare individuelle erotische Entwicklung. Man darf nur nicht alles sofort wollen.

9. Für ihn hat *direkte Erotik* Priorität, für sie gibt es ein weites Feld *indirekter Erotik*. Ihn erregt, wenn sie sich vor ihm auszieht. Sie erregt, wenn er mal etwas von sich aus mit den Kindern unternimmt.

10. Er begehrt ihren *Körper*, sie begehrt seine *Seele*. Er will Sex, sie will ihn. Er fragt: Wie hast du's gern? Sie fragt: Was denkst du?

11. Seine Erregung fällt *schnell* ab. Wenn's gut ist, ist's eben gut, und dann 'ne Runde schlafen. Ihre Erregung fällt *langsam* ab. Am Ende liegt sie alleine da – wäre sie doch bloß nicht erst angelaufen ...

12. Er ist zu sexueller Wahrhaftigkeit verdammt. Wenn er nicht kann, kann er nicht. Mit Vortäuschen ist nix ... Sie kann alles spielen und in Gedanken entfleuchen. So fällt ihr die *Lüge* leichter als ihm. Aber Vorsicht, so etwas kommt irgendwann immer raus.

13. Er braucht Kraft zur Sexualität, sie kann sich fallen lassen. Er will auch mal *nicht können dürfen*, sie will nicht immer *leidenschaftlich* sein müssen. Er will nicht immer *anfangen* müssen und sie will auch mal legitim *Nein sagen dürfen*.

14. Sie soll ihn *bewundern*, er soll sie *begehren*. In dem Maße, in dem sie ihn bewundert und er sie begehrt, schenken sich beide Selbstwertgefühl. Kurios, aber immer wieder wahr: Sie *soll* mit ihm schlafen, er soll bisweilen mit ihr nur schlafen *wollen*.

Kommt *er* nicht zum Zuge, sucht er im Rotlichtmilieu nicht nur Triebentlastung, sondern auch ‚Nähe' und Bestätigung. Wird *sie* nicht begehrt, ist sie froh, wenn er länger arbeitet.

Das Problem ist einfach: Wir wissen zu wenig voneinander. Die Lösung wäre: Wir erfahren mehr *voneinander*, wenn wir *aufeinander* hörten und uns *füreinander* interessierten, gerade auch im Bett.

Gemeinsames im sexuellen Erleben

Das Gemeinsame des erotischen Begehrens ist schnell aufgezeigt:

- Jeder will geliebt und begehrt werden und auf *seine* Kosten kommen. Jede auch.

- Jeder erwartet vom Anderen das zu bekommen, was er selber braucht.
- Keiner von beiden ist wirklich austauschbar, denn entweder ist Erotik ein konstruktives Element einer Liebesbeziehung oder sie verkommt zur unverbindlichen Lendenfitness. Das mag vielleicht auch erregen, aber irgendwas dürfte da fehlen.
- Jeder und jede braucht Treue, Vertrauen und das Gefühl der Einzigartigkeit. Menschliche Körper sind nach dem Bilde Gottes geschaffen (1. Mose 1,27) und keine Konsumartikel der Wegwerfgesellschaft.
- Beide ordnen in der Regel ihre eigenen Bedürfnisse den Bedürfnissen des Anderen vor. Weil das Nehmen dem Geben immer wieder vorgeordnet wird, erhalten beide auf Dauer zu wenig. *„Geben ist seliger als nehmen"* ist ein biblisches Prinzip, das sich auch in der Erotik bewährt (vgl. Apostelgeschichte 20,35).

Grundsätzlich gilt: Beider Bedürfnis ist es, geliebt werden zu wollen, beider Aufgabe ist es zu lieben, auch körperlich. Wer diesen Gedanken internalisiert hat, hat das Wesentliche verstanden.

EHE Sie's verlernen

... sollten Sie sich keine Information über die Grundlagen menschlicher Sexualität entgehen lassen.

... sollten Sie sich gegenseitig Ihr unterschiedliches erotisches Empfinden anvertrauen.

... sollten Sie erotische Erfüllung als Ihr gemeinsames Ziel ansehen.

Merke

Menschliche Sexualität ist ein äußerst vielgestaltiges Phänomen.

Männer und Frauen sind gleichberechtigt, aber nicht gleichartig.

Die gemeinsame Sehnsucht besteht im Geliebt-Werden-Wollen, die gemeinsame Aufgabe im Lieben.

4. Störungen durchschauen. Kleiner Virenscanner – Part 1

Die Unterschiedlichkeit des sexuellen Erlebens zeigt sich besonders auch in sexuellen Störungen. Eine amerikanische Befragung von Frauen und Männern zwischen 18 und 59 Jahren hat folgende Tendenzen ans Licht gebracht[45]:

- Fehlendes Interesse am Sex: Männer 14,7%, Frauen 31,6%
- Kein Spaß am Sex: Männer 8,3%, Frauen 22,7%
- Schwierigkeiten mit dem Orgasmus: Männer 7,8%, Frauen 25,7%
- Angst zu versagen: Männer 17,8%, Frauen 12,3%
- Schmerzen beim Sex: Männer 0%, Frauen 15,6 %
- Erektionsprobleme: Männer 10,2%
- Zu trockene Scheide: Frauen 20,6 %

Grundsätzlich gilt:

Nicht die Probleme in der Sexualität (und nicht nur hier) zerstören eine Beziehung, sondern unser Umgang mit ihnen. Probleme sind dazu da, dass wir sie lösen. Miteinander! Nicht die Autopanne beendet die Reise, sondern das mangelhafte Know-How in Sachen Pannenhilfe und Sofortmaßnahmen. Kein Wagenheber dabei? Defekter Reservereifen? Altersschwache Batterie? Und dann wundern Sie sich, dass Sie bei jeder Störung liegen bleiben? Nicht jeder Virus zerstört meine Festplatte. Aber wenn ich mich nicht ständig um Up-Dates meines Virenscanners kümmere, wird's bald passieren. Wie alles Irdische, so ist auch die Sexualität eines Paares störanfällig. Was wir verstehen müssen ist:

Die Erotik eines Paares reift an der Fähigkeit zum Krisenmanagement, nicht an der Parfümmarke.

Im folgenden werden wir die wesentlichen Faktoren beschreiben.

Virus Nr. 1: Liebe ich dich?

Denken Sie bitte einen Augenblick lang intensiv an Ihren Mann / Ihre Frau, so lange, bis Sie ihn / sie ‚sehen'.

O.k. Stellen Sie sich nun folgende Frage:

Wollte und will ich eigentlich *diese* Frau oder *diesen* Mann? Oder wollte ich einst und will ich in Wahrheit *(irgend)eine* Frau oder *(irgend)einen* Mann?

In der unbewussten Ungeklärtheit dieser Frage dürfte ein Hauptbeziehungskiller vieler Paare liegen. Manch eine/r ist

‚verliebt in die Liebe' – wie Chris Roberts einst sang – weniger in den real existierenden Menschen an der eigenen Seite.

Manch eine/r ist süchtig nach ‚Schmetterlingen im Bauch', mehr oder weniger unabhängig davon, durch wen sie ausgelöst werden. Ist dies der Fall, dann ist der Partner/die Partnerin grundsätzlich austauschbar. Er/sie dient lediglich als Mittel zum Zweck und war einst, in den Hochzeitsjahren, gleichsam ‚gerade zur Hand'.

> Der Faktor ‚Freiheit' bei der Partnerwahl ist soziologisch wesentlich geringer einzustufen als der Individualisierungsgesellschaft recht ist. „Wer zu wem findet, hängt eindeutig vom Heiratsmarkt ab, also der Chance, überhaupt jemanden kennen zu lernen, in den man sich verlieben kann. Oder kurz gesagt: Gelegenheit macht Liebe. Neben individuellen Wünschen zählt vor allem unser Umfeld. Parameter wie die Schul- und Berufsausbildung, Alter oder der Wohnort haben wesentlichen Einfluss auf die Partnerwahl".[46]

Viele Paare schienen zusammengekommen zu sein, weil sie froh waren, überhaupt jemanden gefunden zu haben. Günstigstenfalls kam der jetzige Ehepartner dem damaligen Traumpartner noch irgendwie am nächsten, ungünstigstenfalls fungierte er/sie als Notlösung. Oder es waren Sekundärinteressen im Spiel wie Geld, Status etc. Oder er/sie war einfach gerade nur ‚frei'. Dann hätten sich zwei Lustobjekte zusammengetan, die sich nun wundern, dass die Lust so lange auf sich warten lässt. Wer nicht liebt, wird eben auch nicht geliebt – und schon gar nicht begehrt. Zwei Lustobjekte ohne Lust werden nie zum Subjekt, nie ‚ein Leib' im biblischen Sinne (1. Mose 2,24). Objekte werden gelebt, sie leben nicht. Objekte sind Ware für Sammler und Jäger, und diese Stufe wollten wir doch gerade überwinden ...[47]

Wird uns dieser Zustand bewusst, empfinden wir das als Verlust der Liebe, sie hört scheinbar auf. Streng genommen ist dies Unsinn, denn Liebe kann weder kommen noch kann sie gehen. Sie ist keine Person und schon gar kein Gott (‚Amor'). Ich liebe oder ich liebe eben nicht. Lieben ist etwas, das *wir* tun, oder eben lassen, andernfalls könnte Jesus die Liebe nicht *gebieten* (Johannes 15,12). Emotionen reagieren auf ‚Schmetterlinge', den ‚ersten Blick' oder andere ‚Naturereignisse'. Liebe agiert. Erinnern Sie sich: Liebe ist der Schlepper, der den Dampfer der Emotionen in den Hafen schleppt.[48]

- Liebende arbeiten an der Autonomie gegenüber ihren Stimmungen.
- Liebende versuchen, ihre Krisen zu beherrschen, nicht umgekehrt.
- Liebende leben nicht nur innerhalb von Reiz-Reaktionsmustern, sondern bemühen sich, Beziehung zu gestalten.
- Liebende sind Meister der Aktion, nicht Opfer der Reaktion.

Dies alles gilt in besonderem Maße auch für die Erotik. Erotik ist mehr als ein Ausgeliefertsein an den Hormonhaushalt. Erotik steht und fällt mit der Kunst, Beziehung zu pflegen und Störungen zu durchschauen.

Das Fundament von allem aber ist die soeben gestellte Frage: Lieben Sie den Menschen an Ihrer Seite – ja oder ja?

Virus Nr. 2: Sexuelle Störungen als Nebenkriegsschauplatz[49]

Oft (nicht immer) ist eine sexuelle Störung Indiz einer Beziehungsstörung, eine Art Nebenkriegsschauplatz für Machtkämpfe. Ist der Virus *Macht* in der Beziehung aktiviert, gibt es wie in jedem Krieg Verletzte, Tote und Verlierer. Toben die Machtspiele auch im Bett (nicht nur in SM-Form), sind Verletzungen garantiert.

Beispiele:
- Ein schwacher Mann wird gegängelt. Seine Frau führt – legitimiert durch den Emanzipationszeitgeist und die Patriarchatslüge – das Regiment. Er hat ihr nichts entgegenzusetzen als Verweigerung. Also reagiert er mit Impotenz. Damit trifft er sie im Herzen ihrer Person. Sie wird nun nicht mehr begehrt, wird sozusagen ‚entfraut' und dadurch machtlos. Dies ist ihm Genugtuung. In Wirklichkeit aber bezahlen beide – mit fehlender Sexualität.
- Eine Frau möchte ihren Mann beherrschen und verweigert sich ihm. Im Raum stehen möglicherweise augustinische Spätausläufer wie: Männer sind Tiere und Sex ist unmoralisch. Mein Mann will Sex, also ist er niedrig. Ich brauche so etwas nicht, also bin ich höher. Die dadurch erzeugte Ohnmacht des Mannes zahlen wieder beide – mit fehlender Erotik.
- Beide spielen Rollen wie z.B.: Wir wollen nicht ‚erkannt'[50] werden. Masken dürfen nicht fallen. Dies kommt seltsamerweise häufig bei nach außen sehr erotisch wirkenden Menschen vor. Hier besteht der Lustgewinn in der anziehenden Wirkung aufeinander, nicht in der realen Vereinigung. Die äußere Attraktivität dient hier als Schutz vor Nähe, die bei echter Erotik entstehen würde.
- Verweigerung kann auch als ‚Strafmaßnahme' eingesetzt werden. Ich habe meinen Willen nicht bekommen oder bin verletzt worden. Dafür sollst du büßen, indem ich dir das vorenthalte, was nur ich dir geben kann, jedenfalls zunächst.

- Ein beliebtes weibliches Spiel lautet: ‚Du kannst mich nicht befriedigen'. Das heißt im Klartext: ‚Du bist meiner nicht wert'. Das ist Minderwertigkeitssuggestion mit dem Ziel, eigene Minderwertigkeitsgefühle zu kompensieren.
- Beliebt ist auch: Mäkeln am Äußerlichen. Busen zu flach, zu groß, zu klein, Po zu fett, Bauch zu dick etc. Tipp: Gummipuppe mit Idealmaßen kaufen! Nein, im Ernst, schlafe ich mit einer Ware oder mit einer Person? Sicherlich, Äußerliches ist nicht unwichtig für die Erotik und Körperpflege eine Grundoption, aber wirklich beglückender Sex findet zwischen zwei Seelen statt. Das belegen viele alte oder auch körperlich versehrte Paare. Auch kann Sex nach fünf Kindern besser sein als mit 20 und straffem Bauch. Liebe macht keineswegs blind, aber sie vermag Wichtiges von Unwichtigem zu unterscheiden und gerade dadurch wirklich zu ‚sehen'. Oder nehmen Sie den Diamantring nicht an, nur weil das Geschenkpapier eingerissen ist und die Schleife fransig ist?

Klaus Lage sang vor vielen Jahren: „Ihr müsstet sie einmal mit meinen Augen sehn, die absolute Frau, ihr würdet mich verstehen".

Genau das ist Liebe...

Virus Nr. 3: Mangelnde Selbstannahme

Die mangelnde Selbstannahme des eigenen Körpers ist ein weiterer häufig auftretender Störfaktor der Lust. Meist, wenn auch nicht ausschließlich, tritt er bei Frauen auf. Ein typisches Beratungsgespräch könnte so verlaufen:

Sie: Ich kann meinen Körper nicht nackt ertragen. Er ist so unerotisch. Ich verstehe gar nicht, wieso dies für meinen Mann kein Problem sein soll. Das glaube ich einfach nicht.
Er: Mein Problem ist nicht ihr Körper, sondern ihre ständige Unzufriedenheit mit sich selbst. Immer mäkelt sie an sich herum. Ich mag sie aber so, wie sie ist. Ich stehe auf kleine Busen und Schwangerschaftsstreifen machen mir nichts. Ich möchte dennoch häufig mit ihr schlafen. Warum glaubt sie mir das nicht? Ich komme mir vor wie ein Trottel.
Sie: Ich würde mit *ihm* schon schlafen, aber nicht mit *mir*.

Hinter diesem Problem steckt Perfektionismus. Man kann mich nur lieben, wenn ... Alles Unsinn! Glauben Sie Ihrem Mann doch einfach und genießen Sie die Zweisamkeit mit ihm. Andernfalls nehmen Sie bereits ihren Tod vorweg, mindestens aber den Tod Ihrer Beziehung.

Frauen haben das einmalige Talent, ihre Sexualität immer wieder unterdrücken zu lassen. In früheren Jahren durch die öffentliche Moral und konservative Rollenmuster, heute durch Fitnesswahn und Flachbauchkult. Sind die öffentlich propagierten Idealmaße virtueller Hollywoodsternchen eine neue Religion, oder was soll das?

Virus Nr. 4: Erschöpfung

Erschöpfung ist ein besonders effektiver Lustkiller, gerade in den sogenannten mittleren Jahren. Zu vieles zerrt an einem: Beruf, Kinder, Hausbau, zu pflegende Senioren etc. Gelingt es Ihnen, diesen Stress als zeitlich begrenzt zu betrachten und sich immer wieder Auszeiten zu nehmen, werden Sie sich auch in dieser Lebensphase nicht *verlieren*[51] und Erotik nicht *verlernen*.

Virus Nr. 5: Das elterliche Erbe

In unserem Gehirn läuft unaufhörlich eine Art Tonband mit Sprüchen aus der Kindheit. *Freud* nannte dies ‚Über-Ich', *Berne* ‚Eltern-Ich'. Dieses Tonband sendet ständig Sprüche wie:
Männer können immer – Männer haben nur eins Kopf – Sex ist nur was für junge Leute – Eltern brauchen keinen Sex mehr – Frauen reagieren beim Sex nur, sie agieren nicht – Erst die Arbeit, dann das Vergnügen u.ä.

Wie lauten Ihre Sätze? Unter welchen leiden Sie? Welchen Stellenwert hatte Erotik in Ihrem Elternhaus und im Elternhaus Ihrer Frau / Ihres Mannes? Welche dieser kaum löschbaren falschen ‚Herren' beeinflusst Ihre Sexualität positiv, welche negativ? Machen Sie sich bewusst, dass es sich hierbei lediglich um *Sätze*, nicht etwa um *Wahrheiten* handelt. Am besten, Sie ersetzen sie durch andere Sätze wie:

Was uns beiden Freude macht, ist gut – Lust haben ist o.k., keine Lust haben auch – Alles hat seine Zeit, eine Zeit der Arbeit, eine Zeit der Zärtlichkeit, eine Zeit der Krise, eine Zeit der Ekstase (nach Prediger 3).

Virus Nr. 6: Frühere Verletzungen

Vergangene Erlebnisse, zurückliegende Beziehungen und frühere Verletzungen können die Paarerotik belasten. Wieso? Weil erotisches Erleben in besonderem Maße Konditionierungen unterliegt und die Menge der Vorerfahrungen gewollt oder ungewollt immer wieder in das aktuelle Empfinden einfließt.

- Nach mehreren Partnern/innen gehen im wahrsten Sinne des Wortes ‚die Bilder durcheinander' – übrigens wieder ein Grund für Treue ...
- Geburten hinterlassen Schmerzerinnerungen.
- Fehl- und Totgeburten koppeln Erotik mit Abscheu und Angst.
- Besonders belastend wirkt sich Missbrauch in der Kindheit aus. Erstaunlicherweise kommt es hier häufig zu Wiederholungserfahrungen. In der Kindheit missbrauchte Frauen geraten immer wieder an gewalttätige Männer. Vermutlich steuert hier unbewusst ein sogenannter Wiederholungszwang. Die Seele versucht, das Trauma durch ständige Wiederholung zu verarbeiten. Fatalerweise wird genau dadurch die zum Trauma gehörende Wirklichkeit potenziert.

Virus Nr. 7: Die pseudoplatonische Selbsterhebung

Die Selbsterhebung ist eine besonders beliebte Taktik zur Vermeidung von erotischer Entwicklung, eine Schein-Lösung im wörtlichsten Sinne. Sie lautet: ‚Es gibt schließlich Wichtigeres als Sex', frei nach dem Motto ‚da steh ich drüber'. Stehe ich wirklich darüber? Oder lebe ich die aus der Partnerschaft verdrängte Sexualität verkappt in anderen Lebensbereichen aus?

- Mütter kennen manchmal die Körper ihrer kleinen Söhne bis ins Detail, wechseln die Windeln ihrer Babys weit öfter als nötig, erleben Wasch- und Putzzwänge, ergötzen sich an Romanen und Serien etc.
- Väter verbringen nicht selten ihre Nächte mit Surfen durch einschlägige Internetangebote, werden Kettenraucher, Alkoholliebhaber oder Sportfanatiker etc.
- Im religiösen Bereich weisen u.a. Fanatismus und euphorische Mystiksucht auf nicht erfüllte Erotik bzw. verdrängte oder sublimierte Sexualenergie.

Das sind nur Andeutungen. Die Liste ließe sich fortführen. Hier wird sublimiert in gesellschaftlich scheinbar unbedenkliche Aktivitäten. Aber wo Leidenschaften entstehen, ist immer auch irgendwie erotische Energie beteiligt – und genau die fehlt Ihnen im Bett.

Schade eigentlich!

Platonisch ist diese Selbsterhebung übrigens, weil *Plato* selbst seine Leidenschaft zur Philosophie als ‚erotischen Akt' interpretiert hat. Pseudoplatonisch ist sie, weil Plato daraus keineswegs irgendeinen moralischen Zwang zur körperlichen Inaktivität ableitete – er persönlich favorisierte da allerdings seine eigene Lösung ...

EHE Sie's verlernen

... sollten Sie den Virenscanner Ihres erotischen Betriebssystems updaten.

... sollten Sie sich fragen, ob Sie sich eigentlich wirklich lieben.

... sollten Sie sich die Störung nicht gegenseitig vorwerfen und auf diese Weise verstärken, sondern gemeinsam nach ihrer Ursache forschen.

 **Merke**

Ohne Liebe läuft nicht wirklich was.

Sexuelle Störungen sind häufig Nebenkriegsschauplätze von Beziehungsstörungen.

Sexuelle Störungen sind gelegentlich Spätfolgen des eigenen Stallgeruchs.

5. Störungen durchschauen. Kleiner Virenscanner – Part 2: Wenn *sie* nicht kann oder *er* nicht will

Virus Nr. 8: Wenn Frauen nicht können (oder nicht wollen)

Für Frauen – und Männer, die ihre Frauen verstehen wollen!

Wie andernorts bereits dargelegt, gibt es eine seltsame Korrelation zwischen Mund und Muttermund.[52] Die verbale Kommunikationsbereitschaft des Mannes (,Mund') korrespondiert mit der sexuellen Kommunikationsbereitschaft der Frau (,Muttermund'). In dem Maße, indem er nicht mit ihr redet, sich ihr gegenüber verbal verschließt, verschließt sie sich ihm gegenüber körperlich. Hier entwickelt sich leicht ein Teufelskreis, denn das Eine bedingt das Andere. Vielleicht schläft sie nicht mit ihm, weil er nicht mit ihr redet. Vielleicht aber redet er nur deshalb nicht mit ihr, weil sie nicht mit ihm schläft. Die berühmte Frage, was zuerst da war, das Huhn oder das Ei, aber ist müßig. Gegenseitig wirft man sich Lieblosigkeit vor und liebt selber nicht. Klage ich das Gegenstück von dem ein, was ich selber begehre, vergrößere ich genau dadurch die Distanz. Vorwurf und Forderung zersetzen auf Dauer die Liebe. In jedem Falle fühlen sich beide auf Dauer ungeliebt. Warum? Beide wollen Liebe *haben*. Keiner möchte Liebender *sein*. Beide wollen begehrt werden, nur manifestiert sich das für sie an anderen Schwerpunkten:

- *Er* fühlt sich wertgeschätzt, wenn sie ihn verführt.
- *Sie* fühlt sich wertgeschätzt, wenn er sich Zeit für sie nimmt.

Wendet er sich ihr zu, hört er sie an, redet er mit ihr, dann hat dieses Gespräch für sie eine erotische Komponente. Er fragt sich zwar wieso, aber sei's drum – wer's nicht entdeckt, kann's nicht nutzen ...

Daneben gibt es eine ganze Reihe weiterer Gründe, warum ‚frau' nicht will oder kann:

Offene Kinderfrage
Wie sind Fortpflanzung bzw. Verhütung bei Ihnen geregelt? Liegt die ganze Verantwortung bei Ihnen, der Frau? Hat er die Lust und sie die Last? Sexualität hat für Frauen sowieso schon eine ambivalentere Struktur als für Männer. Eine Lösung könnte sein: Sie ist zuständig für das ‚Kinder-Kriegen', er ist zuständig für das ‚Kinder-Nicht-Kriegen'. Wäre doch fair, oder?

Ausgelaugt
Sind Sie einfach zu ausgelaugt? Verlangen Ihnen die Tage – und bei kleinen Kindern auch die Nächte – zuviel ab? Können Sie – gerade in Stillphasen – keinen weiteren Körperkontakt mehr ertragen? Sicher, Sexualität mit Ihrem Mann würde Sie wahrscheinlich entspannen, aber der Anmarschweg dahin ist momentan einfach zu weit. Verschaffen Sie sich kleinere Freiräume, die größeren werden auch bald wieder kommen! Tipp für Männer: Die Waffen der Schuldzuweisung stecken lassen!

Sie werden nicht begehrt
Vielleicht ist die Lust Ihres Mannes Voraussetzung für Ihre eigene und die Wurzel Ihrer Lauheit liegt bei ihm? Spüren Sie, dass er nur *es,* aber nicht *Sie* will? Dies gilt es zu klären.

Der Mann als Kind
Wie sehen die grundlegenden Strukturen Ihrer Familie aus? Betrachten Sie Ihren Mann als Ihren Geliebten oder als zusätzliches ‚Kind'? Zu Beginn Ihrer Beziehung war's vielleicht ganz angenehm, dass er gegen Ihre Pläne keine Antipläne hatte und Sie bestimmten, wo's lang ging. Sie hatten alles im Kopf, welchen Sie auch konsequent durchsetzten. Sie wussten, was Sie und er wollten. Seine typischen Sätze wären dann: ‚Wenn du meinst ...', ‚Da muss ich mal meine Frau fragen ...', ‚Das musst du selber wissen ...', ‚Was weiß ich ...', ‚Keine Ahnung ...' u.ä. Konflikte gab es nicht. Aber ein Mann, der Rückgrat verweigert, Verantwortung umgeht und nicht stehen kann, ist unmännlich, und eine gesunde Frau spürt das haargenau. Verachtung, sei sie bewusst oder unbewusst, ist selten ein Aphrodisiakum. Der Gewinn Ihres Mannes besteht in der Bequemlichkeit, der Ihrige in uneingeschränkter Macht. Sie beide bezahlen mit fehlender Sexualität und unerfüllter Erotik, aber das scheint es Ihnen Wert zu sein in dieser ‚Mann bei Fuß'- Beziehung.

Chaosfaktor Mann
Leiden Sie vielleicht unter seiner Destruktivität, oder was Sie dafür halten? Sie pflegen die Wohnung, er verursacht Unordnung. Sie haben ein Erziehungskonzept, er funkt immer wieder dazwischen. Sie haben einen Wochenzeitplan, er hält sich an nichts. Sie halten seine Wäsche tipptopp, er sieht dennoch immer aus wie ein Clochard. Nun wollen Sie wenigstens Ihren Körper ‚unverletzt und

sauber' halten. Sie selbst sind das letzte Refugium, in dem er nichts zu suchen hat. Aber: Wo sind Sie eigentlich ein *Paar* und wer *liebt* hier eigentlich (noch)?

Auszeit
Möglicherweise braucht Ihre Seele oder Ihr Köper eine Auszeit. Körperliche Ursachen für die sexuelle Verweigerung könnten sein: Schwangerschaft, Stillzeit, Infektion, Zucker, Verletzungen, ein Virus, irgendeine lebensbedrohliche Krankheit o.ä. Ein Arztbesuch könnte hier Klärung schaffen. Erst wenn medizinische Faktoren ausgeschlossen sind, macht die Beratung einen Sinn. Seelische Faktoren könnten sein: Depression, Trauer, Diät, eine traumatische Geburt o.ä. Sexualität gehört zwar zum Leben, aber nicht ununterbrochen. Sind z.Zt. bei Ihnen andere Dinge dran? Eine Persönlichkeitsveränderung oder -reifung? Die Suche nach neuen Zielen? Eine Wertüberprüfung oder eine Halbzeitinventur: Was will ich noch in meinem Leben erreichen? Wie viel Zeit habe ich noch? Sollten Sie sich in einer solchen Auszeit befinden, bedenken Sie: Auszeiten sind begrenzt.

Das ‚Frigide-Frau-Spiel'
Erkennen Sie sich in diesem Spiel wieder: In Ihrer Rolle als ‚frigide Frau' erleben Sie sich ständig als ‚heiß begehrt'. Kein Wunder, da Ihr Mann ja nicht zum Zuge kommt, steigern Sie paradoxer Weise durch Ihre Verweigerung seine Begierde. Ihr Gewinn: Durch Ihre subtile Verschärfung seines sexuellen Druckes verschaffen Sie sich eine reizvolle Machtstellung. Sie lassen ihn schmachten und steigern genau dadurch seinen Durst nach Ihnen. Er beginnt, um Ihre Gunst zu kämpfen und entwickelt Werbestrategien, oder er bettelt. In großen Abständen gewähren Sie ihm Gnade und ‚lassen bitten'. Aber satt werden soll er nicht,

denn Sie leben vom Genuss seines Appetits, nicht vom gemeinsamen Essen. Winselnd hängt er am ausgestreckten Arm seiner 'Hungerstillerin'. Der Gewinn Ihres Mannes: Er bleibt ständig geladen, ‚on tour' sozusagen, was ihn in ständigen Powerillusionen schwelgen lässt. ‚Wenn er dürfte, dann aber ...'. Er lebt seine Sexualität virtuell im Modus einer ‚ja wenn ...'-Haltung aus. Wenn Sie aber wirklich immer so oft wollten, wir er jetzt, da er nicht darf, meint zu können, würde er wahrscheinlich schnell merken, dass er nur deshalb so oft will, weil er nicht muss. Zum Glück, denn so oft zu müssen, wie sie jetzt nicht wollen, würde er wohl kaum können. Beide profitieren hier von einer negativen Spannung. Aber was für ein Selbstbild steckt dahinter? In Wahrheit geht es immer um die eigene Schuldlosigkeit: ‚Wenn du nicht wärst ...' hat *Eric Berne* dieses Psychospiel genannt.[53]

Es ist wahr: ‚*Unser Herz ist ein trotzig Ding*' (Jeremia 17,9).

Frigidität als Liebesakt
Weibliche Verschlossenheit kann jedoch auch ein bewusster oder unbewusster Liebesakt sein. Sie wollen Ihrem Mann entgegenkommen, weil Sie merken, dass seine Liebeskraft angeschlagen ist. Sie kompensieren sein Nicht-Können mit Ihrem Nicht-Wollen. Da Sie nun nicht wollen, braucht er sein Nicht-Können nicht eingestehen, oder, wenn's unbewusst läuft, gar nicht erst zu erleben. Impotenz gilt ja nicht erst im Viagra-Zeitalter gesellschaftlich als Makel. Welcher Mann will dem schon ausgesetzt sein? Frigidität ist zwar nicht schmeichelhafter, aber irgendwie scheint sie salonfähiger. So fungiert die nicht vollzogene Sexualität als Selbstschutz, weil der Erotikverlust nicht als Versagen, sondern als Entscheidung zur Geltung kommt.

Radiergummisex
In den Urwäldern Afrikas leben die Bonobos, neben den Schimpansen die zweiten nahen Verwandten des Menschen. Hier gibt es ein sexuelles Matriarchat. Bonoboweibchen stiften durch großzügige sexuelle Bereitschaft Frieden in der Herde.[54] Wir können uns des Eindrucks nicht erwehren, dass es sich bei Menschen genau andersherum verhält. Wir meinen die männliche Veranlagung zum Radiergummisex. Männer wollen und können nach einem Ehestreit oft Versöhnung durch Geschlechtsverkehr erwirken. Frauen können und wollen oft erst dann Geschlechtsverkehr, wenn es zuvor zur Versöhnung gekommen ist. Wieder entsteht ein sogenannter *schismogenetischer Zirkel*: Er versteht seinen erotischen Anschleichversuch als Friedensangebot, *sie* genau gegenteilig als schamlose Zumutung. *Sie* versteht ihre Zurückhaltung als Versuch, die Würde zu bewahren und der Konfliktlösung den Vorrang vor der Konfliktverkleisterung zu geben, *er* genau gegenteilig als unversöhnliche Zurückweisung. Beide generieren mit je ihrer Lösungsstrategie eine neue Eskalation. Warum? Weil jeder von sich auf den andern schließt und nicht gelernt hat oder nicht bereit ist, die Initiative des Partners aus *dessen eigenem*, positiven Blickwinkel zu sehen. Männer brauchen Sex als Weg zum Frieden. Frauen brauchen Frieden als Weg zum Sex.

Übrigens gibt es doch einen eklatanten Unterschied zwischen Bonoboweibchen und bundesdeutschen Normalehemännern: Jene bieten ihre Sexualität dem ganzen Stamm an, um die Aggressionen anderer abzufangen. Diese begnügen sich mit Frieden in ihrer Ehe.

Virus Nr. 9: Wenn Männer nicht können (oder nicht wollen)

Für Männer – und für Frauen, die Ihre Männer verstehen wollen!

Sexuelle Verweigerung von Frauen ist ein häufig zu beobachtendes Phänomen. Viele Beratungen haben hier ihren Ausgangspunkt. Bisweilen suchen jedoch auch Paare eine Beratung auf, bei denen die Frau oder beide unter seiner Impotenz leiden. Ob diese Konstellation seltener ist, oder ob der impotente Mann dermaßen gesellschafts*un*fähig ist, dass nur wenige Paare dies eingestehen können, vermögen wir nicht zu entscheiden. In jedem Falle aber gilt: Die Ursachen für männliche Impotenz bzw. Unlust können sehr unterschiedlich sein.

Hier nun einige Möglichkeiten:

Medizinische Ursachen
Zunächst können körperliche Störungen vorliegen. Diese gilt es immer vor einer Beratung abklären zu lassen. Hier helfen Hausarzt und Urologe. Körperliche Funktionsstörungen liegen zwar gelegentlich vor, sind aber viel seltener als meist angenommen.

Homosexualität
Eine andere Möglichkeit: Der in der Ehe lustlose Mann ist trans- und/oder homosexuell. Ihm dient die Ehe als Alibi (vielleicht sogar vor sich selbst), sein Begehren aber gehört in Wahrheit dem eigenen Geschlecht.

Angst
Die Frau hat ihren Mann in Bezug auf die Kinderzahl hintergangen. Sie hat behauptet zu verhüten, sich in Wirklich-

keit aber Kinder erschlichen. Oder die Sache mit der Verhütung ist missglückt. Es ist ein Kind entstanden, obwohl der Mann dies auf keinen Fall wollte. Er ist wie gelähmt. Nun sitzt ihm die Angst vor einer erneuten Zeugung nicht nur im Nacken.

Frust mit den Kindern
Vielleicht haben Sie ein Kind, das Ihnen über das Maß hinaus Sorgen bereitet. Sie tragen Ihre Verantwortung und stehen zu ihm. Das kostet Kraft. Die Folge: Der Bereich ‚Kinder & Familie' ist für Sie extrem negativ besetzt. Fortpflanzung erleben Sie bewusst oder unbewusst als eine Art ‚Strafe', so dass der (potenzielle) Zeugungsakt selbst mit Angst und starken negativen Gefühlen besetzt ist.

Weibliche Dominanz
Möglicherweise fühlen Sie sich durch Ihre Frau und deren Dominanz regelrecht ‚entmannt'. Sie bestimmt, sie leitet, sie kritisiert, sie ist der Macher in Ihrer Beziehung. Sie fühlen sich ihr gegenüber fast wie ein Kind. Ein Kind aber geht nicht mit seiner Mutter ins Bett[55]. Zunächst hat Ihre Frau Ihnen vielleicht in der Rolle als Mutter gefallen, denn sie vermochte Ihr Defizit an Entscheidungskraft zu kompensieren, so dass Sie Ihre partielle Lebensunfähigkeit kaschieren konnten. Nun aber wird es immer unerträglicher. Sie begehren sie nicht mehr. Sie erscheint Ihnen als zu ‚raumfüllend' (was übrigens häufig hinter der männlichen Kritik am Gewicht der Frau steht). Ihr einziger Ausweg scheint Ihnen die Verweigerung zu sein. Auf einmal ist *sie* machtlos. Ihre Impotenz trifft sie in ihrem Selbstwert als Frau, denn plötzlich bedrängen sie Zweifel an ihrer Attraktivität. Das sitzt! Endlich ein Triumph für Sie. Aber um welchen Preis!?

Traumata
Hinter männlicher Impotenz können auch aus vergangenen Erlebnissen gespeiste Versagensängste liegen. Hat Sie einmal eine Frau ausgelacht? War es Ihre Frau? Demütigung im erotischen Bereich ist eine schwere Waffe, denn jetzt stehen Sie unter einem selbstauferlegten Leistungsdruck, der kontraproduktiv zu einer vitalen und stressfreien Sexualität steht. Es ist eine Art Teufelskreis: Versagen erzeugt Angst, die Angst wird nur aufgelöst durch neue ‚Erfolgserlebnisse', die aber genau durch die Angst vereitelt werden. Kommt es im Laufe einer krampfhaften ‚Jetzt-werd-ich's-uns-zeigen'-Aktion zur erneuten Frustration, wird das Trauma verstärkt. Es ist paradox: Der Aktionsimpuls verhindert hier seine eigene Verwirklichung. Irgendwann haben Sie auf diese Weise regelrecht ‚gelernt' zu versagen. Ihr Kopf schaltet sich vor lauter Anspannung nicht mehr ab. Folgerichtig beginnen Sie, intime Situationen zu meiden. Angst vor der ‚phallischen Begegnung' würden Freudianer so etwas nennen.

Geburtsschock
Oder haben Sie die Geburt Ihres ersten Kindes als Schock erlebt und wollen Ihrer Frau so etwas auf gar keinen Fall nochmals ‚antun'?

Verletzbarkeit
Als Mann sind Sie in sexueller Hinsicht auch deshalb so leicht verletzbar, weil Sie immer authentisch sein müssen. Entweder sind Sie wirklich erregt, oder es läuft nichts. Eine Erektion kann man nicht spielen. Gut, es gibt auch Callboys, die so was angeblich beherrschen, aber das ist eine andere Sache.

Überforderung
Stehen Sie im Beruf unter Leistungsdruck und dann auch noch in Ihrer Beziehung, ist der erotische Crash programmiert. Tragen Sie vorwiegend die Last der Verantwortung für die Familie, den Lebensunterhalt, das Haus, das Wohlwollen und die Stimmung Ihrer Frau, müssen also immer und überall Ihren ‚Mann stehen', so steht ‚er' irgendwann nicht mehr. Von einem bestimmten Punkt an können Sie nichts mehr geben, seelisch nicht und körperlich auch nicht. Sie verweigern im Symptom der Impotenz das ‚Standing', das ist Verweigerung als stellvertretende Kompensation von Überforderung.

Zu starke Liebe
Lieben Sie Ihre Frau womöglich zu stark, und nicht ‚*wie* sich selbst' (Markus 12,31; Epheser 5,28), sondern ‚*mehr* als sich selbst'? Sind Sie ihr Traummann im Bett? Dreht sich angeblich ein großer Teil der Männer nachher um, um einzuschlafen, so waren Sie immer mit der Lust Ihrer Frau beschäftigt. Es war Ihnen wichtig, sie zu befriedigen. Sie taten, was sie mochte. Sie lernten, ihre Sexualität zu bedienen wie ein Instrument, gleichsam ‚auf ihr zu spielen'. Sie wollten aus Ihrer Frau kein Lustobjekt machen. Das brachte Ihnen beiden Befriedigung. Irgendwann jedoch kippte die Sache. Sie haben sich selbst aus dem Blick verloren, nahmen Ihren eigenen Körper und Ihre eigenen Bedürfnisse nicht mehr wahr. Sie schliefen mit ihr, obwohl Sie selbst erschöpft waren. Sie taten Dinge, die Sie eigentlich nicht wollten. Sie glaubten, Ihre Liebe ihr gegenüber immer wieder unter Beweis stellen zu müssen. Ihr eigenes Begehren erlosch zusehends. Der Fehler, der hier auftritt, heißt: Sie haben nicht Eros mit Agape *gesteuert,* Sie haben Eros durch Agape *ersetzt.*[56] Sie haben nicht als ‚Ich' dem ‚Du' gedient, Sie

haben Ihr ‚Ich' durch das ‚Du' ausgetauscht. Erotik aber hat auch etwas mit dem Ego zu tun. Ich muss auch meine Lust spüren, um Freude und Erfüllung zu erleben. Wieder ist es paradox: Lieben Sie zu sehr, um lieben zu können?

Gespaltenes Frauenbild
Gibt es für Sie auf Grund von Erziehung und Wertmaßstäben zwei Frauentypen: ‚Hure' und ‚Maria'? Können Sie mit einer Frau, die Sie lieben, nicht schlafen (Maria), und eine Frau, mit der Sie Sex haben, nicht lieben (Hure)? Brauchen Sie die liebende Ehefrau und die Prostituierte, weil Sexualität für Sie moralisch negativ besetzt ist und deshalb nicht in die Ehe gehört? Dann sind Sie impotent, sobald Sie eine Frau wirklich lieben. In diesem Falle sollten Sie nicht allein unsere theologischen Anmerkungen zur Sexualität bedenken, sondern auch therapeutische Hilfe suchen, denn dieses Problem ist nicht in zwei Sätzen zu lösen.

Verlorene Kindheit
Mussten Sie zu früh in Ihrem Leben Verantwortung übernehmen? Vielleicht verstarb Ihre Mutter oder fiel aus anderen Gründen aus. Trugen Sie die Verantwortung für die jüngeren Geschwister oder für alkoholabhängige Eltern? Kurzum, durften Sie viel zu früh kein Kind mehr sein? Möglicherweise hat sich diese Verantwortungslast in Ihrer Ehe fortgesetzt und jetzt, nach 30, 40 oder 50 Jahren meldet sich das ‚Kind im Manne' vehement zu Wort, taucht sozusagen aus der Versenkung auf. Ein Kind aber hat noch keine Sexualität im erwachsenen Sinne. Liegt hier die Ursache für Ihre Impotenz?

Stallgeruch
Wie steht es mit Ihrem ‚Stallgeruch'? Welche sexuelle Rolle spielte Ihr Vater in der elterlichen Ehe? Wie war Ihre Bezie-

hung zu Ihrer Mutter? Hat eine innere Trennung stattgefunden („Ein Mann wird Vater und Mutter *verlassen* ..." 2. Mose 2,14)? Oder besteht immer noch eine infantile symbiotische Bindung? Haben Sie väterliche Gewalttätigkeit erlebt, empfanden Sexualität und Gewalt als Paar und wollen daher auf keinen Fall sein wie er ...?[57]

Schuldzuweisung
Lässt Ihre Frau bei der Suche nach dem Schuldigen für missglücktes Sexualleben Schimpfwörter fallen wie: Schlappschwanz, Versager, Niete o.ä.? Diese Wörter sind besonders effektive Waffen im Kampf der Geschlechter, denn sie brennen sich unweigerlich und kaum löschbar auf der Festplatte Ihres Gemüts ein, hundertprozentig lusttötend. Das Ganze wirkt übrigens auch in seiner stummen Version. Stellt sich die Frage: Wo ist hier Liebe?

Fehlende Liebe
Last but not least: Vielleicht lieben Sie Ihre Frau einfach nicht. Die ausgefuchsteste Technik, die bemühteste Eheberatung und die ausgesuchtesten Bücher nützen nichts, wenn Sie sich nicht lieben (vgl. 1. Korinther 13). Sie haben Ihre Frau aus tausend Gründen geheiratet, nur nicht aus Liebe, und wundern sich?

So können sexuelle Störungen immer eine ganze Fülle von Ursachen haben. Findet über einen längeren Zeitraum keine Sexualität statt, ohne dass einer etwas zu ändern versucht, so liegt der Verdacht nahe, dass beide Partner etwas von dieser Situation haben. Stellen Sie sich immer die Frage: Wer von uns hat momentan welchen Gewinn? Ein sexuell auffälliger Partner kommt selten allein. Ein/e ‚Normale/r' und ein/e ‚Gestörte/r' werden selten miteinander alt. Stabilisiert der vordergründig Leidende die Situation, hat er irgendeinen Gewinn davon, andernfalls würde er auf eine Änderung hinarbeiten. In der Suchtberatung spricht man vom Co-Abhängigen, der die Sucht ermöglicht. Wer ist die Co-Impotente, wer der Co-Frigide?

EHE Sie's verlernen

... sollte *er* ihre vermeintliche Frigidität als Anfrage an sich selbst verstehen

... sollte *sie* seine Ladehemmung als Anfrage an sich selbst verstehen

 Merke

Impotenz und Frigidität können medizinische Ursachen haben, oft haben sie andere.

Impotenz und Frigidität können Ursachen in der eigenen Person haben.

Impotenz und Frigidität können als Schwäche getarnte subtile Machtmittel sein.

6. Zwischen Buschbrand und Asche. Das Ehebett als Feuerstelle – oder: Die Kultivierung der Lust

Die Kunst: ‚Gegenseitige Bereicherung'

Das Zauberwort für gelingende Erotik in der Ehe heißt *Agape im Eros.* Eros ist, kurz gesagt, die begehrliche Liebe, Agape die schenkende Liebe.[58] Anstatt nun, wie es eine von Augustinus geprägte moralische Tradition wollte, Eros durch Agape zu *ersetzen*, halten wir es für effektiver, Agape zum *Modus* des Eros zu machen. Was bedeutet das?

Das bedeutet:

1. Das Recht körperlichen Begehrens (Eros) ist vor Gott, voreinander und vor sich selbst anzuerkennen.
2. So paradox es klingt: Agape heißt, mit dem Ich-bezogenen Eros Du-bezogen umgehen zu lernen. In Anlehnung an unsere theologischen Überlegungen[59] formuliert: Mit dem Fleischlichen geistlich umgehen und gerade dadurch das Körperliche nicht verlieren, sondern gewinnen.

Es geht um die eheliche Integration und Entfaltung des Eros auf der Basis der Agape. Das Ehebett soll zur Feuerstelle werden, denn ‚Erfüllung in der Ehe macht immun gegen

Versuchung von außen'.[60] Im Klartext: Die Kunst der E(he)rotik besteht im Prinzip der ‚gegenseitigen Bereicherung', der Agape.

Das geht nur, wenn *beide* wollen. Ehe, zumal, wenn sie auch vor Gott geschlossen worden ist, ist eben mehr als ein Vertrag zur ‚gegenseitigen Nutzung der Geschlechtsorgane', wie *Kant* meinte. Richtiger müsste man formulieren: Ehe ist ein Vertrag zum ‚gegenseitigen *Dienst* an Seele, Geist und Leib'. Sie/ihn ‚lieben und ehren bis der Tod euch scheidet' ist eine Selbstverpflichtung auch in erotischer Hinsicht. Erotik ist ‚Wertschätzung im Bett'. Auf die kürzeste Formel gebracht hat das der 1. Petrusbrief:

„*Dienet einander...*" (4,10).

Grundsätzlich gilt:

Die eigene sexuelle Erfüllung steigt in dem Maße, in dem ich mich als Diener der Lust meines Ehepartners verstehe und betätige.
Unser Sexualleben spiegelt meist die Grundstruktur und die aktuelle Qualität unserer Beziehung wieder.

Der Preis: ‚Verzicht auf Krieg'

Alles hat seinen Preis. Wer Liebe will, der muss auf Krieg verzichten. Kein Problem, sagen Sie? Dann machen Sie folgende Probe aufs Exempel:

Agape-Erotik heißt: keine Forderungen
Nichts setzt so unter seelischen Druck wie Forderungen im

intimen, verletzlichen emotionalen Bereich. Beliebt sind stereotype Kaliber wie:

‚Ich habe dir schon tausendmal gesagt, wie ich's gerne hätte ...' – ‚streng dich mal ein bisschen an' – ‚andere Frauen haben keine Probleme damit' – ‚du willst ein richtiger Mann sein?'

- Streifen Sie in Gedanken durch die letzten Monate Ihres Ehelebens.
- Sammeln Sie alle Forderungen, an die Sie sich erinnern können.
- Fragen Sie Ihren Ehepartner, was er/sie als Forderung Ihrerseits erlebt.
- Vergegenwärtigen Sie sich Ihre Reaktionen auf Forderungen. Hatten sie öffnende oder verschließende Wirkung?

Wer fordert, liebt nicht (Agape), sondern begehrt nur (Eros). Wer aber nicht liebt, kann nicht erwarten, Liebe zu erwecken, sondern erreicht das genaue Gegenteil.

Agape-Erotik heißt: keine Anklagen
Eine besonders subtile Form der Forderung ist ihre ‚unausgesprochene' Version. Sie funktioniert nach dem Motto:

‚Wenn du mich wirklich lieben würdest, wüsstest du, was ich will ...'

In der Regel dient diese Version, da ihre Erfüllung ja mit Sicherheit ausbleiben wird, psychologisch der Legitimation von Anklage. Mitten im versammelten Freundeskreis kommt's dann oft heraus:

‚Früher haben wir ja auch mal Mann und Frau gespielt' oder ‚Na ja, wer zum Zuge kommt ...'

- Erzählen Sie sich gegenseitig, wo und wann Sie sich vom Anderen angeklagt fühlen.
- Hören sie aufeinander und schlagen Sie nicht mit Rechtfertigungs- und Verteidigungssalven zurück.

Im Grunde ist es einfach: Das Ehebett ist kein Gerichtssaal.

Agape-Erotik heißt: keine Machtkämpfe
Auch Machtkämpfe finden ihren (un)erotischen Ausdruck. Die Treue des Mannes einzuklagen und ihn dann am ausgestreckten Arm vertrocknen zu lassen, ist lieblos. Weibliche Bereitschaft als ständig abrufbar anzusehen, aktualisiert patriarchalische Herrschaftsgelüste. Wenn die Grundausrichtung Ihrer Beziehung machtkampfdurchsäuert ist, werden Sie es im Bett kaum zur liebevollen Lustdienerschaft bringen.

Agape-Erotik heißt: keine Lust einklagen
Lust ist niemals einklagbar. Sie kann erweckt werden, bleibt aber letztlich doch Geschenk.

Das Bereicherungselixier: ‚Interesse', ‚Akzeptanz', ‚Freiheit' und ‚Vertrauen'

Agape-Erotik heißt: Interesse aneinander
Hand aufs Herz: Wie viel Interesse haben Sie am erotischen Erleben Ihres/r Partners/-in? Haben Sie ihn/sie jemals befragt, interviewt, erforscht? Eine Grundgefahr für Erotik ist die Versuchung, ständig von sich auf den Anderen zu

schließen. Denke ich, der Partner müsste in einer Situation so reagieren, wie ich reagieren würde, werde ich ihm nie gerecht.

- Werfen Sie ihm/ihr seine/ihre Andersartigkeit gelegentlich oder immer wieder vor? Vorsicht, Sie betreiben kontraproduktive Antiwertschätzung, ein klasse Erotikkiller!
- Oder kennen Sie ihren Mann / Ihre Frau inzwischen so gut, dass Sie seine/ihre emotionalen Kurven nachvollziehen oder sogar voraussagen können? Dann gilt es, auf ihnen ‚fahren zu lernen', um gemeinsam ans Ziel zu kommen – und ihn/sie trotzdem weiter zu entdecken.

Agape-Erotik heißt: anderes Empfinden akzeptieren und Freiheit gewähren
Es ist schlicht schwer und doch erregend, den Ehepartner so zu akzeptieren, wie er ist. Ich liebe einen Menschen erst wirklich, wenn ich ihn *ganz annehme* – so, wie Christus uns angenommen hat (Römer 15,7). Ein geliebter Mensch ist kein Selbstbedienungsladen, dem ich nach Belieben entnehmen kann, was mir gerade passt.

Die Konsumgesellschaft beeinflusst mittlerweile auch unsere Beziehungskünste. Die Entdeckung von *Exupérys* kleinem Prinzen täte auch uns gut. Er geht der Frage nach, was seine Rose einzigartig macht, nachdem er vielen gleichen Rosen auf einem Planeten begegnet ist. Ein Fuchs lüftet das Geheimnis: „Die Zeit, die du für deine Rose verloren hast, sie macht deine Rose so wichtig". Seine Rose war gleichsam eine verwandelte Rose. Sie enthält ein *Mehr* den übrigen Rosen gegenüber.[61]

Sehen Sie das ‚Mehr', das Ihren Partner / Ihre Partnerin vor allen anderen Menschen auszeichnet?

Ein geliebter Mensch ist ein Komplettangebot Gottes, dessen mir entsprechende Seiten ich genießen darf, dessen unausgegorenen Seiten wir gemeinsam mit den eigenen unausgegorenen Seiten entwickeln sollen, und dessen unverbesserliche Schattenseiten, oder was ich dafür halte, zu ertragen bzw. zu vergeben sind (Kolosser 3,13).

Agape-Erotik heißt: Selbstwert
Casanova und Nymphomanin ersetzen erotische Qualität durch Quantität, weil sie durch Masse ein mangelndes eigenes Selbstwertgefühl zu kompensieren suchen. Jemand hat einmal gesagt: Wer sich selbst nicht liebt, ist ein Egoist. Warum? Weil er seine gesamte Umwelt ständig missbraucht, ihm das zu geben, was er nicht hat: Zuwendung und Anerkennung. Casanova und Nymphomanin missbrauchen ihre Sexualpartner genau in diesem Sinne. Hier wird der Partner missbraucht, um mit seiner Hilfe sich selbst zu lieben. Aus christlicher Sicht ist der Glaube eine Quelle unendlichen Selbstwertes. ‚Glaube' ich mich als ‚Kind Gottes', empfange ich durch diesen Glauben eine Art ‚Gütesiegel von höchster Stelle'[62]. Sich-geliebt-wissen befreit zum Lieben-können, Sich-ungeliebt-wissen versklavt zum Geliebt-werden-müssen.

Die aus dem Glauben resultierende erotische Gesinnung fragt also nicht in erster Linie: ‚Wie war ich?', sondern ‚Wie ist es schön für dich?'

Alles klar?

Agape-Erotik heißt: Treue
Mit der öffentlichen Herabsetzung der Familie wurde zugleich auch die ‚Einmaligkeit' von Beziehungen herabgesetzt. Die Austauschbarkeit des DU aber relativiert die Person und ist darin letztlich menschenverachtend. Schauen wir genau hin, sind wir eben nicht austauschbar, jedenfalls nicht wirklich.

> Sogar in der Scheidung bleibt die Beziehung grundsätzlich erhalten, darin besteht ein Wahrheitsmoment des katholischen Eheverständnisses. Die gemeinsame Geschichte bleibt, gemeinsame Erinnerungen bleiben, gemeinsame Gipfel, gemeinsame Tränen, gemeinsame Kinder, evtl. gemeinsamer Besitz. M. Mary hat daher mit Recht empfohlen, wenn denn eine Trennung als unvermeidlich erscheinen mag (was übrigens viel seltener der Fall ist, als viele meinen), sie doch wenigstens auf der Basis des bleibenden Gemeinsamen abzuwickeln.[63]

Treue ist die in Lebensstil übersetze Grundüberzeugung: Wir sind nicht auswechselbar. Du nicht und ich auch nicht. Vielleicht ist es kein Zufall, dass nach neueren Umfragen Treue wieder wichtiger wird.

> Die Illustrierte FÜR SIE berichtete im Januar 2001: Für 9 von 10 Männern ist laut Umfrage das Wichtigste bei einer Frau Treue, Zärtlichkeit und Zuverlässigkeit.

Was selten ist, steigt eben im Wert – gilt übrigens auch für so manche erotische Erfahrung. Dass die Herren ihren in der zitierten Umfrage erwähnten Maßstäben selbst gerecht werden, bleibt natürlich zu hoffen ...

EHE Sie's verlernen

... sollten Sie sich gegenseitig bereichern wollen.

... sollten Sie Sexualität niemals als Kampfmittel einsetzen.

Merke

Machtkämpfe, Forderungen und Desinteresse töten Ihre Erotik.

Liebe, Interesse, Akzeptanz, Freiheit, Vertrauen und Treue sind das Lebenselixier Ihrer Erotik.

7. „Ich wünsch mir was..." – oder: Wo die Enttabuisierung eigentlich hingehört

Sich geheime Wünsche mitteilen

Es gibt eine sinnvolle Scham und es gibt eine neurotische Scham. Und es gibt eine dekadente Schamlosigkeit, von *Freud* ‚die Schwester des Schwachsinns' genannt. Sinnvolle Scham ist u.E. nichts anderes als der geordnete Schutz der Intimsphäre und ihre Bewahrung für die Zweisamkeit. Erinnern Sie sich: Adam und Eva waren nackt und sie schämten sich nicht. Drehort: Paradies. Der Clou: Die beiden waren alleine, selbst Gott entfernte sich ...

Öffentliche Schamlosigkeit ist Dekadenz. Intime Schamlosigkeit zu zweit alleine – das ist E(he)rotik. Hatte die Enttabuisierungswelle der 70er Jahre zur öffentlichen Sexualisierung geführt, so noch lange nicht zur erotischen Vitalisierung von Ehen.

Ein seit zehn Jahren verheiratetes Paar klagt über sexuelle Defizite. Eigentlich muss man sagen: Er klagt über sie, sie klagt über ihn. Beide sind überzeugt, alles würde besser, wenn der andere sich endlich änderte ... Kennen Sie ja! Wir greifen ein:

Wir: Welches sind seine drei größten erotischen Sehnsüchte?
Sie: Wie meinen Sie das?

Wir: Na ja, wenn er sich jetzt etwas von und mit Ihnen wünschen dürfte, völlig frei und hemmungslos, was würde er sich wünschen?
Sie: Ja also, ... hm, tja, also an und für sich wüsste ich das jetzt nicht so genau.
Wir: Sie kennen seine drei größten Sehnsüchte nicht?
Sie: Nicht direkt... (guckt verlegen)
Wir: Wie ist es bei Ihnen? Was wünscht sie sich?
Er: Ich liebe sie und will mit ihr schlafen.
Wir: Was sind ihre drei größten sexuellen Wünsche?
Er: Meistens will sie nicht.
Wir: Haben Sie eine Ahnung, warum nicht?
Er: Ne, deshalb bin ich ja hier!

Solche Gespräche mit länger verheirateten ratsuchenden Ehepaaren zeigen immer wieder: Es gibt eine aufklärungsresistente Tabuisierung von Erotik in der bürgerlichen Ehe – auch 30 Jahre nach *Kolle*. Dieses Gespräch ist leider kein Einzelfall. Es macht deutlich: Wir schämen uns voreinander und trauen uns nicht, unser Innerstes voreinander auszubreiten. Beide beklagen ihr vermeintliches Defizit, sind aber zugleich unfähig, ihr Begehren zu kommunizieren.

> *M. Mary* schreibt: „Es besteht eine immense Scheu, öffentlich oder im Beisein des Partners ehrlich über Beziehungsthemen wie beispielsweise Sexualität zu sprechen."[64]

Wir meinen: Wo passt Schamlosigkeit – im positiven Sinne als Enttabuisierung verstanden – besser hin als in den geschützten, von Interesse und Vertrauen getragenen Intimraum der Ehe? Machen Sie sich bewusst: Es gibt auf der Welt einen einzigen Menschen, der (fast) alles über Sie weiß, und über den Sie, und niemand sonst, (fast) alles wissen, jedenfalls, wenn's gut läuft. Sie beide verbindet ein intimes Band erotischer Geheimnisse, Vorlieben und Erlebnisse, die sonst niemand kennt und niemand jemals kennen wird. Im Bewusstsein zu leben, diese Ansicht, diese Körperpartie, diese Begierde, diese Emotion etc. hat noch niemals jemand sonst auf der Welt gesehen, das ist Exklusiverotik als unser beider Geheimnis – nur möglich in unserer Ehe!

> *J. Gray* nennt das ‚leidenschaftlich monogam'[65]. Nichts anderes meint der *Hebräerbrief*, wenn er schreibt: *„Die Ehe soll in Ehren gehalten werden bei allen und das Ehebett unbefleckt..."* (Hebräer 13,4)

Nach einer beglückenden Nacht lässt sich diese nur schwer mit Worten zu beschreibende Erfahrung so ausdrücken:

„Wir beide...".

Die Grundregel liebevoller erotischer Enttabuisierung lautet: Alles nennen dürfen, vieles erfüllen können, aber nichts müssen. Um sich Wünsche gegenseitig zu erfüllen (Agape), müssen wir sie kennen (Interesse). Die unabdingbare Voraussetzung dafür ist Vertrauen. Trauung, Vertrauen und ‚sich was trauen' haben ja vom Wortstamm her miteinander zu tun. Das Schweigegeheimnis gilt nicht nur für Seelsorger und Therapeuten, es gilt in besonderem Maße für Ehepartner auf erotischer Abenteuertour.

> Wenn er von ihrer besten Freundin erfährt, dass sie seinen Wunsch letztens ihrem Mann auch abgeschlagen hat, wird er irgendwie sauer. Wenn sie von seinem Freund erfährt, dass sie nie im Auto will, ist sie verletzt.

Ein wichtiges Geheimnis ehelicher Erotik heißt also: Intimität – *„wir* beide ...".

Nach einer Gewis-Umfrage geben 22% der befragten Frauen an, ihr Mann gehe nicht auf ihre Wünsche ein. Bei den Männern sind es 31%. Zu achten ist hier auf die jeweiligen Gründe. *Will* oder *kann* ich nicht auf die Wünsche meiner Frau / meines Mannes eingehen oder *kenne* ich sie überhaupt nicht?

Stellen Sie sich also schamlos folgende Frage: Können Sie voreinander aussprechen, wonach sie begehren? Wenn nicht, was hemmt Sie? Wenn ja, praktizieren Sie Enttabuisierung mit oder ohne ständige(r) gegenseitige(r) Bewertung? Moral ist gut, wenn sie der gegenseitigen Achtung dient. Moral tötet, wenn sie zur chronischen Degradierung Andersempfindender missbraucht wird. Das führt uns zum nächsten Punkt.

Was ist normal, was pervers?

Wir preschen vor in die umstritteneren Bereiche unseres Themas. Gibt es Maßstäbe für das, was normal ist, und das, was pervers ist? Eine fast unlösbare Frage. Es gab Zeiten, in denen galt nur ein Sexualakt zum Zweck der Kinderzeugung als ethisch verantwortbar.[66] Heute wird die monogame Erotik generell als Auslaufmodell bewertet.[67] Selbstbefriedigung wurde einst mit gesundheitlichen und jenseitigen Horrorszenarien belegt, heute empfiehlt *J. Gray* sie als Element des innerehelichen Repertoires.[68] Entscheidende Kriterien könnten u.E. Übereinkunft, Freiwilligkeit und Nachgeschmack sein.

Übereinkunft und Freiwilligkeit
Erlaubt ist, was gefällt, gilt zwar nicht im absoluten Sinne, aber irgendwie ist doch was dran an dieser Regel. Paulus' Version klingt so:

„*Alles ist erlaubt, aber nicht alles dient zum Guten*" (1. Korinther 6,12).

Dass es in dieser Hinsicht eine Grauzone[69] gibt, sei unbestritten. Nehmen wir aber einmal alles aus, was gesundheitlich bedenklich ist oder Dritte gefährdet (wie z.B. Gewagtes während der Schwangerschaft), dann dürfte der Rest im Wesentlichen eine Sache intimer Zweisamkeit sein, die niemand sonst etwas angeht.

- Sagen Sie sich, wonach Sie Sehnsucht haben.
- Informieren Sie sich über die medizinischen Faktoren.[70]
- Erzielen Sie eine Übereinkunft über das, was Sie miteinander ausprobieren wollen. 'Trial and Error' ist immer noch eine effektive Lernmethode.
- Kommunizieren Sie miteinander Ihr Erleben und respektieren Sie die evtl. Differenzen.

Ein zweites biblisches Prinzip bezieht sich ursprünglich zwar nicht auf Erotik, ist aber dennoch für unsere Frage hilfreich. Es heißt:

„*Prüfet alles, und das Gute behaltet*" (1. Thessalonicher 5,21).

Gut in diesem Zusammenhang ist, was beiden und damit der Beziehung ‚gut' tut.

Der ‚Nachgeschmack'
Ein guter Indikator für Bekömmlichkeit ist der Nachgeschmack. Es ist ein bisschen wie beim Alkohol. Ein Gläschen schmeckt prima, ein kleiner Schwips mag gelegentlich entspannend wirken, aber ein Vollrausch hinterlässt seine Spuren. Der ‚Kater' versaut den nächsten Tag. Zu viel des Guten ist eben ungesund – und zu harte Sachen auch ...

Erspüren Sie während des Aufwachens nach einer stürmischen Nacht Ihre erste Emotion (außer dem Ärger über den Wecker). Ist sie positiv: angenehm, wohlig, beglückend und suchen Sie ihre/seine Hand? Oder ist sie negativ: fahl, beklemmend und eher mit einer Art undefiniertem Abscheu besetzt? Übereinkunft, Freiwilligkeit und Wahrnehmung des Nachgeschmacks können Ihnen helfen, sich im schwer beschilderbaren Dschungel der Erotik ein wenig zu orientieren. Wir gehen bewusst nicht auf Einzelheiten und Praktiken ein. Auf diese Entdeckungsreise müssen Sie beide ganz allein gehen. Diese gehört nur Ihnen, so, wie unsere nur uns gehört ...

Und vor allem: Nicht jeder Versuch muss ja direkt ins Repertoire aufgenommen werden.

EHE Sie's verlernen

... sollten Sie sich Ihre geheimsten Wünsche mitteilen.

... sollten Sie eine intime und höchstpersönliche Übereinkunft hinsichtlich der Grenzen Ihres erotischen Geschmacks erzielen.

... sollten Sie in Versuchen mutig, aber in Übernahmen wählerisch sein.

Merke

Schamlosigkeit gehört in den geschützten Raum der intimen Beziehung, Scham in die Öffentlichkeit, nicht andersherum.

Die Grenzen des Bekömmlichen sind individuell sehr verschieden. Richtwerte sind: Übereinkunft, Freiwilligkeit und Nachgeschmack.

8. „Ich will zu dir..." – Virtuelle Erotik

Ich denk an dich...

Laut ‚Romance Report 2001' soll in den Träumen der meisten Deutschen der eigene Partner oder die eigene Partnerin nicht oder nur selten vorkommen.[71] Liest man weiter, erfährt man etwas präziser, es handele sich etwa um ein Fünftel aller Frauen und Männer. Nun, das sind zwar nicht ‚die meisten', aber immerhin, das Thema liegt an. Virtuelles Fremdgehen ist ja schon ein biblisches Thema, wie Matthäus 5,27-30 zeigt. Wie bei allen psychologischen Phänomenen gibt es hier einen beeinflussbaren und einen nicht-beeinflussbaren Bereich. Der beeinflussbare interessiert uns.

> Die Popgruppe PUR sang einst ‚Ich will zu dir'. Erzählt wird, wie jemand auf der Autobahn im Stau fest hängt und nicht erwarten kann, endlich bei ‚ihr' zu sein! Ein wunderbarer Text erotischer Leidenschaft.

‚Tagträumen' Sie von und mit Ihrem Ehepartner? Wenn ja, warum nicht? Denken Sie bewusst an sie/ihn! In Gedanken gibt es keine Tabus. Erinnern Sie sich gezielt an schöne Stunden zu zweit. Spielen Sie diese in Ihren Gedanken nach. Erforschen Sie, was daran besonders schön war und entdecken Sie auf diese Weise die geheimen Spielregeln *Ihrer* persönlichen Erotik.

Seelische Sexhygiene

„Vor 1000 Generationen hat ein Mann in seinem ganzen Leben vermutlich nicht so viele Frauen gesehen wie ich täglich in der Mensa ... Wir bekommen eine Auslese der Schönen dargeboten und haben mit einer Verrückung der Maßstäbe zu kämpfen, was noch realistisch zu haben ist."[72]

Dieses Votum von *R. Henns* beschreibt eine alltägliche Herausforderung. Wir unterliegen einer Art ‚Sex-Bombing'. Geballert wird von allen Seiten: Werbung, Fernsehen, Zeitung etc. Wer sich dem entziehen will, müsste blind durch den Tag gehen.

Wir empfehlen: Klassische Konditionierung bei erotischer Fremdeinwirkung.

Was heißt das?

Das heißt: Ich bin nicht nur in Gedanken mit meiner Frau / meinem Mann beschäftigt, sondern ich übertrage jeglichen sexuellen Reiz, der auf mich einwirkt, mental auf sie/ihn. Der Effekt: Erotische Reize werden generell mit meinem Partner gekoppelt. Empfange ich einen erotischen Reiz, kommt mir sofort mein Partner in den Sinn. Denke ich an meinen Partner, kommt mir Erotik in den Sinn. Genauso muss das ...

EHE Sie's verlernen

... sollten Sie sich gegenseitig zur Nr. 1 machen und Ihrem Mann / Ihrer Frau die Priorität hinsichtlich seiner/ihrer virtuellen Präsenz in Ihren Gedanken geben. Mit anderen Worten, denken Sie möglichst oft an ihn/sie ...

... sollten Sie sich in seelischer Sexhygiene einüben.

Merke

Gegen mediales Sex-Bombing hilft erotische Selbstkonditionierung: Tagträumen Sie mit Ihrem Mann / Ihrer Frau.

9. Erotik braucht Atmosphäre und Fantasie

Das Schlafzimmer und andere Orte

In früheren Zeiten gab es eine ungeschriebene bürgerliche Regel, Besuche betreffend. Sie lautete: Das Schlafzimmer ist tabu für Fremde. Diese Regel ist nicht dumm, denn sie schützt die Intimität auch äußerlich.

Dieser Ort gehört nur uns.
Was an *diesem* Ort geschieht, geht nur uns etwas an.
Dieser Ort ist geschützt.
An *diesem* Ort haben auch die Kinder anzuklopfen.

Die Einrichtung und Gestaltung Ihres Schlafzimmers geben einen gewissen Aufschluss über den Stellenwert der erotischen Dimension Ihrer Beziehung. Frotteebettwäsche, Bügelbrett und weißes Neonlicht sprechen für sich. Kerzenständer, gedämpftes Licht, ästhetische Bilder und Spiegel auch. Dass auch in dieser Frage die Geschmäcker verschieden sind, braucht nicht besonders betont zu werden, wohl aber die Frage, ob diese Frage Ihnen überhaupt eine Frage ist?

Haben Sie jemals über die Art und Weise Ihrer Schlafzimmergestaltung miteinander gesprochen?

Licht? Farben? Bilder? Vorhänge? Musik? Spiegel?

Bedenken Sie: Wie man sich bettet, so liegt man. Und, Hand auf's Herz, Berge von Bügelwäsche gehören nicht neben das Kopfkissen. Und Papas PC-Handbücher schon gar nicht ... Kinder, sieht man von der Stillzeit einmal ab, sollten auch ihr eigenes Bett benutzen. Dass Papa im Kinderzimmer schläft und Sohnemann bei Mama, ist irgendwie unerotisch, oder nicht? Leider gibt's das häufiger als Sie vermuten.

Vom Fast-Food bis zum Dinner

Wie würden Sie Ihre Sexualität charakterisieren? Eher als Fast-Food oder eher als Dinner? Sex haben auch Tiere, Erotik ist etwas anderes. Erotik ist mehr. Erotik ist die Kultivierung von *Liebe* bis ins Leibliche hinein. Sex gehört als elementarer Bestandteil dazu, aber eheliche Erotik ist die Entfaltung von Sexualität zur *Liebeskunst*.

Bleiben wir bei unserm Bild: Fast-Food ist, wenn ich schnell mal während der Los Wochos bei McDagobert reinspringe und mir einen Happy-Mac mit mittlerer Cola-light reinziehe. Billig, schnell satt, und nachher Bauchschmerzen nicht ausgeschlossen. Ein Dinner ist ein Menü in mehreren Gängen. Ein ausgewählter Ort, romantische Atmosphäre, erlesene Speisen, Zeit, Genuss, ein Kaffee danach.

O.k., Sie können einwenden, dass man schließlich nicht jeden Abend ausgehen kann, aber wer immer nur von Pommes weiß-rot lebt, der dürfte auf Dauer mit Fehlernährung zu tun bekommen, von der Lebensqualität ganz abgesehen. O.k., unterwegs mal ne Bratwurst auf die Hand schmeckt auch ganz lecker, aber kann sie ernsthaft mit einem Sonntagsbraten konkurrieren? Liebende Eheleute sollten erotische Gourmets werden, wobei auch deftige Hausmannskost nicht zu verachten ist. Lernen muss man die Kunst der Zubereitung. Dazu gehören Kochbücher, Rezepte, Zutaten, Fingerspitzengefühl, Erfahrung, Geduld und dergleichen. Und ohne guten Ofen wird's nie anfangen zu brodeln. Am wichtigsten aber ist: Ich muss den Geschmack meines/r Partners/in kennen, und den eigenen auch.

Fantasie und Atmosphäre zu schaffen, ist eine Menge Arbeit, erotische Ehearbeit gewissermaßen. Und dennoch ist gelingende Sexualität letztlich keine Leistung, sondern ein Effekt von Liebe. Wenn wir uns nicht lieben, wird's auch nicht knistern – trotz roter Beleuchtung.

Skizzieren wir also die Zubereitung eines Dinners:

- *Planung:* Was soll es geben? Einen Fernsehabend mit Dessert? Ein gutes Gespräch mit Kuschelromantik? Eine Mondscheinnacht am See? Ein Experiment mit einem neuen Rezept? Einen Autoausflug an den Waldrand? Einen Überraschungsempfang, wenn er vom Dienst kommt? Ein unangekündigter Konzertbesuch, nachdem er sich ohne ihr Wissen um die Unterbringung der Kinder gekümmert hat?
- *Vorbereitung:* Welche Zutaten benötige ich? Habe ich die passende Musik herausgesucht? Ist der Tisch reserviert? Ist die Stimmung – beziehungspsychologisch betrachtet – o.k? Sind ungeklärte Spannungen zu bearbeiten? Was bin ich bereit, heute Abend zu geben, was würde ich gerne empfangen?
- *Zubereitung:* Wie bereite ich das Menü? In welcher Dosierung füge ich welche Zutaten hinzu? Wieviel Gewürze benötige ich? Wann schmeckt's fad, wann brennt's an? Wie bringe ich das Ganze zum Kochen? Achtung, eines der großen Probleme beim Kochen – zumindest für Männer – ist es, den zunehmenden Appetit mit der nötigen Geduld zu synchronisieren ...
- *Essen:* Wie speisen wir? Zwei Extreme sind zu vermeiden: Herunterschlingen im Heißhunger – dazu neigen Männer – und kalt werden lassen – dazu neigen Frauen. Das eine führt zu Bauchschmerzen, das andere erhält das Magenknurren.
- *Genießen:* Ist die Siedetemperatur erreicht, gilt: Kopf ausstellen und Körpersprache pur. Das geht übrigens am besten, wenn man sie schon lange miteinander spricht ...

Vielseitige Ernährung ist die gesündeste

Selbstverständlich gibt es kein Rezept, das erfüllende Erotik garantiert. Manchmal ist der Fast-Food-Quickie die Sensation, das 3-Gänge-Menü dagegen öde. Manchmal ist es genau andersherum. Manchmal führt Spontaneität in ungeahnte Gefilde und ausgeklügelte Strategie nirgendwohin. Manchmal ist es genau umgekehrt. Was für die Ernährung gilt, gilt wohl auch für die Erotik, je vielseitiger, desto gesünder. Langeweile im Bett ist ein Lustkiller. Vollends verfahren ist die Kiste, wenn etwas, das seinem Wesen nach erregend ist, de facto reizlos geworden ist, wir uns aber gegenseitig die mangelnde Erregung vorwerfen und vom anderen etwas einfordern, das dieser in Wahrheit nur von sich aus geben kann – wenn er es denn selber hätte. Verfährt unser natürliches Herz in der Regel nach der Devise ‚wenn du mich lieben würdest, fändest du mich auch erregend', so arbeitet die Agape genau gegenteilig. Sie sucht nach Möglichkeiten und Wegen, die Erregung im anderen hervorzulieben, herauszulocken, zu entfesseln.

„Die Frau verfügt nicht über ihren Leib, sondern der Mann. Ebenso verfügt der Mann nicht über seinen Leib, sondern die Frau" (1. Korinther 7,4f).

Paulus beschwört hier nicht weniger als die gegenseitige Zuständigkeit und Verantwortlichkeit für die Lust des anderen.

- Werfe ich meiner Frau Frigidität vor, muss ich mich immer auch fragen, was ich selbst zu dieser beigetragen habe. War es immer schon so? Warum bin ich dann mit ihr zusammen, wenn mir dieser Bereich so wichtig ist? Hat sie sich im Laufe der Zeit so ent-

wickelt? Was waren die Auslöser und an welchen Faktoren habe ich selbst mitgewirkt? Oder: Brauche ich insgeheim ihre Frigidität, um meine eigene Unfähigkeit nicht wahrnehmen zu müssen?
- Kennt er meine intimsten Sehnsüchte nach fünf Jahren Ehe immer noch nicht? Wieso eigentlich nicht? Habe ich sie ihm nie anvertraut? Und: Kenne ich seine? Schlafe ich nur mit ihm, wenn ich Lust habe (Ich-bezogene Emanzipation), oder bin ich bereit, ihm zu schenken, was er braucht, nämlich mich (Du-bezogene Emanzipation), und darin seine Lust zu genießen?

Entwickeln Sie eine reichhaltige Karte voller erotischer Menüs. Überraschen Sie sich gegenseitig mit spontanen Beschenkungen. Wenn man etwas erhält, was der andere von sich aus gibt, ohne dass man darum betteln musste, steigert sich der Beglückungseffekt.

Aber Achtung: Intimgrenzen *im Sinne* des/der Partners/in ungefragt zu durchbrechen, steigert den erotischen Kick. Intimgrenzen durchbrechen zu lassen von einem geliebten und liebenden Partner, führt in neue erotische Dimensionen. Sie durchbrochen zu bekommen von einem nicht geliebten und nicht liebenden Partner, ist schier unerträglich. Intimgrenzen des anderen *eigensüchtig* zu durchbrechen, ist nichts anderes als rücksichtslose Distanzlosigkeit. Sie führt auf Dauer zu Frotteebezügen ...

EHE Sie's verlernen

... sollten Sie Zeit und Fantasie in die Gestaltung Ihrer Erotik investieren.

... sollten Sie einen atmosphärisch günstigen Rahmen für intime Zweisamkeit schaffen.

 **Merke**

Ins Schlafzimmer gehört kein Bügelbrett.

Frotteebettwäsche ist erotisch eher suboptimal.

Das Kinderbett darf keine vergebliche Investition gewesen sein.

Fast Food hat sein Recht, Dinner auch.

10. Die Lust kommt beim Essen – oder auch nicht...

Hormongesteuerter Eros setzt Lust aus sich heraus, ohne dass wir etwas dazu getan hätten. Hinsichtlich des Liebeslebens entstehen in dieser Phase der Partnerschaft in der Regel keine größeren Diskussionen, vorausgesetzt, der Hormonsturm beruht auf Gegenseitigkeit. Das Problem entsteht, wenn der Reiz des Neuen zu verblassen beginnt.

Was dann?

Viele Menschen in dieser Situation meinen, ein Partnerwechsel würde alle Probleme lösen. Neuer Reiz, neuer Kick – neues Spiel, neues Glück ... Häufig zerbrechen Beziehungen an dieser kantigen Gefühlsklippe, ahnend, dass sich mit großer Wahrscheinlichkeit genau derselbe Effekt in der neuen Beziehung wieder einstellen wird. Nach wissenschaftlichen Untersuchungen sind Zweitehen keineswegs glücklicher, Erkenntnisse über die zunehmende Zahl von Dritt- und Viertehen stehen noch aus.

M. Mary hat vorgeschlagen, die emotionale Veränderung der Beziehung als „nicht vorhersehbaren Vorgang"[73] einfach hinzunehmen. Die eigentliche Belastung resultiere aus dem Machbarkeitsanspruch von Eheexperten, die unseriöser Weise Einflussmöglichkeiten des Willens auf unbewusste Mechanismen postulierten, damit das Scheitern auf die Ebene von Unfähigkeit buchten und gerade dadurch ein schlechtes Gewissen suggerierten. Schlecht sei aber nicht das Erlöschen von Sexualität, schlecht sei lediglich das schlechte Gewissen über dieses Erlöschen, das durch Nichtakzeptanz generiert wird. Wir stimmen Herrn Mary ausdrücklich zu in seinem Anliegen, Nichtänderbares annehmen zu lernen. Wir stimmen ihm ebenfalls zu hinsichtlich der unbestreitbaren Tatsache, dass der emotionale Bereich eine ganz erhebliche Kraft und Eigendynamik entfaltet. Wer wollte das bestreiten? In zwei Punkten aber sind wir völlig anderer Meinung:

Lust haben wollen – oder: Der konstruktive Einsatz des Willens

Wir glauben: Die Einflussmöglichkeiten des Willens auf die Emotionen sind erheblich größer als manche ehefrustrierte Beobachter und Betroffene behaupten.

Informieren
Da ist jene Frau, die nach zwölfjähriger Ehe fremdgeht mit dem Argument:
„Ich wusste ja gar nicht, was ich im Bett alles verpasst habe. Mit meinem Mann lief seit dem letzten Kind nichts mehr. Ich habe ihn aus dem Schlafzimmer ausquartiert. Ich wusste ja gar nicht, wie schön Sexualität sein kann. Dabei meint mein Freund, das wären doch nur ganz normale Dinge, die wir täten. Was hat mein Mann mir alles vorenthalten!?"

Hier wird das langjährige Desinteresse an der eigenen Sexualität dem Mann vorgeworfen. Wo blieb der Wille zur Information? Wo blieb die Eigenverantwortung? Eine solche Vogel-Strauß-Politik in unserer sexdurchfluteten Umwelt ist schon bemerkenswert. Für ihre infantile Empfängerhaltung nach dem Motto ‚Wenn du mich lieben würdest, würdest du mich auch befriedigen' zahlt diese Frau einen hohen Preis: Viele verlorene Lebensjahre – zumindest die Sexualität betreffend, und zwar für beide. Wo war ihr Blick auf den Mann? Aber ebenso: Wo war sein Blick auf sie? Dass dieser Mann nicht die Initiative ergriff, spricht für sich. Hat er sich jemals darum gekümmert, wie Frauen empfinden, wie weibliche Sexualität beschaffen ist und was seine Frau wirklich braucht?

Dienen wollen – Das ICH gebrauchen
Über die Rolle des ICH wird in der Literatur viel gestritten. Gibt es den mündigen Menschen oder ist er eine Illusion? *Freud* war der Ansicht, den erwachsenen reifen Menschen zeichne die Herausbildung einer psychischen Instanz aus, die er ICH nannte. Das ICH vermittelt zwischen dem ES (Triebbereich = das, was ich will) und dem ÜBER-ICH (kultureller Normbereich = das, was ich soll oder nicht darf).[74]

- Liefern wir uns dem ES aus, dann bestimmt letztlich der Hormonhaushalt unser Sexualleben. Wir wären psychologisch fremdbestimmt von einem ‚Anderen in uns'.
- Liefern wir uns dem ÜBER-ICH aus (‚Sex ist Sünde'; ‚freier Sex ist cool'; ‚Monogamie ist überholt' oder wie auch immer ...), dann bestimmt letztlich die Überzeugung eines gesellschaftlichen Subsystems unser Sexualleben. Wir wären soziologisch fremdbestimmt von ‚Anderen um bzw. über uns'.

Beide Möglichkeiten wären Ausdruck von Unfreiheit, dem exakten Gegenteil dessen, was Gott für uns will und was für uns gut wäre. Dass der Wille nicht immer alleiniger

Herr unseres Tuns und Unterlassens ist, sondern unser erbittertster Gegner *wir selbst* sind, sei ausdrücklich eingeräumt.

Paulus behandelt dieses Problem in Römer 7,15-25: *"Wollen habe ich wohl, aber das Gute vollbringen kann ich nicht. Denn das Gute, das ich will, das tue ich nicht, sondern das Böse, das ich nicht will, das tue ich..."* (V.18f).[75] Das ist wohl irgendwie unser Elend, dass in unserer Seele gelegentlich viele Köche den Brei verderben. Paulus weiß aber zugleich, dass wir durch Christus aus diesem anthropologischen Dilemma befreit werden: *"Ich elender Mensch, wer wird mich erlösen...? Dank sei Gott durch Jesus Christus, unseren Herrn"* (V.24).

Was heißt das nun für unsere Sexualität? Das heißt: Die Begrenztheit des ICH entbindet uns nicht von seinem konstruktiven Gebrauch. Im Gegenteil, nicht zuletzt die Liebe Gottes verpflichtet uns, unser ICH zu benutzen. Die grundlegende Frage für die Vitalisierung der ehelichen Erotik lautet daher nicht

- ob ‚ich Lust *habe*, mit dir zu schlafen',

sondern:

- sondern ob ‚ich Lust haben *will*, mit dir zu schlafen'.

Das entscheidet mein vom ES und ÜBER-ICH befreites ICH und niemand sonst. ICH-Steuerung der Persönlichkeit ist dabei nicht zu verwechseln mit Kopflastigkeit. Kopflastigkeit wäre der Versuch rationaler Vernünftigkeit unter Ausschaltung aller sonstigen Bereiche. Ich-Steuerung ist der Versuch willentlicher Entscheidung unter Einbeziehung aller mir zugänglichen emotionalen und irrationalen Bereiche. Ohnmachtsideologen und Vernunftslethargiker leben rein ‚bauchlastig'. Kopflastige Menschen ignorieren ihren ‚Bauch'. ICH-gesteuerte Menschen weisen dem Bauch, den Emotionen und dem Über-ICH einen Beratungsstatus zu und entscheiden danach, nach Anhörung aller individuellen und paarinternen Stimmen.

Übrigens war das genau das Anliegen Jesu, denn das je und je ‚Richtige' besitzt wohl auch die größte Konvergenz zum Willen Gottes. Wenn Glauben heißt, ‚meinen Willen in deinem Willen aufgehen zu lassen' (Matthäus 6,10), müssen ES und ÜBER-ICH ihren Herrschaftsrang verlieren und an Gott abtreten.

„Zur Freiheit hat uns Christus befreit!..." (Galater 5,1).

„andern" Dabei gilt als goldene Regel jene berühmte Empfehlung, das hinzunehmen, was nicht änderbar ist, das zu ändern, was geändert werden kann und Gott um die Weisheit zu bitten, das Eine vom Anderen unterscheiden zu lernen. Das ist der entscheidende Gedanke.

Zum neuen Höflichkeitskult in Öffentlichkeitsabteilungen von Geschäftsbetrieben gehört die inzwischen schon stereotypisierte Standardfrage: ‚Guten Tag, mein Name ist ..., was kann ich für Sie tun'? Im Geschäftsbereich ist diese Frage eine oberflächliche Höflichkeitsfloskel, im Ehebett sollte sie eine intime Liebesbekundung sein: ‚Was kann ich für *dich* tun ....? Nichts anderes ist Agape.

Hinsichtlich des erstaunlichen Tatbestandes, dass viele Paare ihre Erotik nicht willentlich in die Hand nehmen und kultivieren, gibt es eine grundlegende Erklärung:

Ein Mensch erlebte in seiner Biographie Ohnmachtserfahrungen, entweder durch *Verwöhnung,* durch *Repression* oder durch *Versagen.*

- *Verwöhnung* ist das scheinbare Überschütten des kindlichen ES mit Liebe. Scheinbar, weil die hier praktizierte ‚Liebe' in Wahrheit eine Verkleisterung von Lieblosigkeit ist. Ein Kind bekommt alles, nur nicht das, was es braucht. Es bekommt ‚Dinge', aber weder eine Erziehung noch das Herz der Eltern. Ein Verwöhnter wird liebesunfähig, weil er alles frei Haus geliefert bekam und um nichts ringen musste. Geben lernte er nicht, weil er letztlich eines doch nicht bekam: Agape, die Liebe seiner Eltern. Hätten sie ihn geliebt, hätten sie ihn nicht verwöhnt, denn Verwöhnung ist nicht Liebe, sondern der Wunsch, selbst geliebt zu werden. Ein Verwöhnter ist eine Art Kind im Buggy, das nicht aussteigen und doch den Kurs bestimmen will.[76]
- *Repression* ist die Ausschaltung des kindlichen ES durch Macht. Wurde dem ES des Verwöhnten ‚Honig' verabreicht, so darf das ES des repressiv Erzogenen nicht aufbegehren. Der Verwöhnte darf alles, das Opfer von Repression nichts. Während sich jener nicht zutraut, den eigenen Willen zur Herrschaft über sich selbst, sondern nur über andere an den Start zu lassen, kommt dieser nicht einmal auf die Idee, einen eigenen

- Willen zu besitzen, geschweige ihn benutzen zu können.
- *Versagen*, missglückte Beziehungen, misslungene Lebensprojekte führen zur Lähmung durch Schulderfahrung. Einer Herausforderung nicht gewachsen gewesen zu sein, kann dazu führen, sich neuen Herausforderungen gar nicht erst zu stellen. Ich wage nichts mehr, weil ich nicht nochmals verlieren will. Ich gebe die Aufgabe auf und suche genau dafür eine Legitimation. Aus ‚ich bin nicht liebesfähig' wird ‚es gibt keine Liebe'. Aus ‚in meiner Ehe ist Erotik erloschen' wird ‚Ehe und erotische Spannung schließen sich aus'.

Alle drei verweigern ihre ICH-Entwicklung deshalb, weil sie Ohnmachts- und Schulderfahrungen vermeiden wollen. Sie wollen *nicht können,* um *nicht wollen zu müssen.* Wer aber Ohnmachtserfahrungen vermeiden will, lernt genau dadurch Ohnmacht und bringt sich dauerhaft selbst um Erfolge, auch im Bett. Wer nicht am Rennen teilnimmt, nur um nicht (nochmals) verlieren zu müssen, wird auch niemals (mehr) gewinnen. Er wird genau das, was er vermeiden will: unglücklich. Was die Schulderfahrungen betrifft, so würde der Glaube gerade hier helfen. Oder hat Christus mir nicht längst vergeben?[77]

Ausprobieren
Also, wollen Sie den erotischen Bereich Ihrer Beziehung entwickeln, ja oder ja? Dann beginnen Sie. Reden Sie miteinander, hören Sie aufeinander, dienen Sie einander. Experimentieren Sie miteinander. Verbannen Sie Forderungen, Machtkämpfe, Vorwürfe und unausgesprochene Erwartungen aus Ihrem Ehebett. Integrieren Sie Gefühl und Moral in Ihre erotische Kultur, aber machen Sie sich nicht davon abhängig. Ent-

decken Sie, was Ihnen gut tut – und schenken Sie sich's gegenseitig. Einfach, weil Sie sich lieben – ehe Sie's verlernen.

Zwischen Lethargie und Treuebruch: Keine Lust haben müssen und dennoch einseitige Lust gemeinsam erleben

Wir glauben: In Zeiten abnehmenden erotischen Feuers sind Lethargie oder Treuebruch zu bescheidene Alternativen. Auch in dieser Hinsicht sind wir viel zu zeitgeistabhängig. Das verbindet uns mit früheren Generationen. Hieß es damals ‚Du darfst keine Lust haben, auch nicht mit deinem Gatten', so heißt es heute ‚Du musst Lust haben, egal mit wem'. Früher durfte man nicht, heute muss man. Beides ist fremdbestimmender Unsinn. Richtig ist:

- Lust haben ist o.k.
- Lust haben wollen fördert Lust haben und ist o.k.
- Keine Lust haben kann auch o.k. sein.
- Aber keine Lust haben wollen, obwohl mein Partner / meine Partnerin darunter leidet, ist nicht o.k.

Solange sich beide einig sind, entsteht ja sowieso kein Problem. Aber meistens sind sich nicht beide einig und einer hat Lust, der andere aber nicht. Was dann? Dann gilt:

- Da es weder ein ‚Muss' zur Lust noch ein ‚Verbot' von Lust geben kann, ist Lust bei nur *einem* Partner auch o.k.

Hat nur eine/r von beiden Lust, gibt es zwei Möglichkeiten:

Entweder: Der/die Erregte setzt sich durch, dann zahlt der/die Andere drauf:

Er: Ich möchte mit dir schlafen.
Sie: Jetzt nicht ...
Er: Das werden wir ja sehen ...

Oder: Der/die Lustlose setzt sich durch, dann guckt der/die Andere in die Röhre:

Sie: Ich möchte mit dir schlafen.
Er: Ach Schatz, ich bin ziemlich k.o.
Sie: Du hast auch nichts mehr drauf ...

Beides dient der Liebe nicht. Was ist zu tun? Predigte alte religiöse Moral, in dieser Situation Enthaltsamkeit und Verzicht auf sich zu nehmen, so empfiehlt die säkulare Paarberatung Partnerwechsel. Aber auch dies dient der Liebe nicht. Im Gegenteil, die Bibel warnt sogar ausdrücklich davor:

„Du sollst nicht ehebrechen" (2. Mose 20,14).

Der Weg der Agape ist ein dritter, jenseits von Frustration und Entwürdigung: Der/die Lustlose und der/die Erregte arrangieren sich und treffen ICH-gesteuerte Willensentscheidungen, mal für die einseitige Lust, mal für die einseitige Enthaltsamkeit. Das Kriterium hierfür ist allein die *Heftigkeit* des Wunsches bzw. der Ablehnung:

- Will ich nur gerade nicht oder will ich momentan auf gar keinen Fall?
- Wär' mir jetzt lediglich danach, oder kann ich mich kaum noch halten?

Welcher Wunsch hat Vorrang? Dabei geht es nicht um ein Match von Egomanen (‚ich bin immer am wichtigsten'), sondern um Teamwork von Liebenden (Agape-Entdeckern). Bezüglich unseres eigenen Körpers entscheiden wir ja auch immer wieder, was wir gerade brauchen: Schlaf oder Bewegung? Bezüglich unseres ‚Eheleibes' (1. Mose 2,24) sollten wir dasselbe tun. Was der Liebe dient, ist wichtig, falls Liebe für mich wichtig ist. Getrennt denken wäre hier der Tod im Topf:

- Bezwänge er sie, hätte er nur vordergründig ‚gewonnen', denn zurück bliebe immer das schale Gefühl, sie missbraucht zu haben.
- Ließe sie ihn abblitzen, hätte sie auch nur vordergründig ‚gewonnen'. Zurück bliebe das ungute Gefühl, ihn ‚stehen gelassen' zu haben.

Ein liebendes Paar sucht nie den vermeintlichen Sieg, sondern immer die für beide beste Lösung.

Einseitige Lust zu zweit
Bei einer Entscheidung für die *einseitige Lust zu zweit* ist eine weitere Frage wichtig: Müssen immer beide zum Orgasmus kommen? Warum eigentlich? Wenn eine/r nicht will oder nicht kann, ist das doch kein Drama. Er/sie kann doch immer sagen:

- ‚Ich kann jetzt nicht und eigentlich will ich auch gar nicht. Aber dass ich nicht will, ist kein Grund, dass du nicht darfst.'

Wenn Sie in Ihrer gemeinsamen erotischen Entdeckungsreise bereits vorangeschritten sind, werden Sie genügend Repertoire[78] zur Verfügung haben, dem Anderen Lust zu bereiten, auch wenn Sie selbst keine empfinden, einfach aus Liebe.

Der/die Empfangende aber hüte sich vor einem schweren Fehler: Wenn Ihr Mann / Ihre Frau Ihnen Gutes tut, obwohl er/sie selbst zur Zeit gefühlsreduziert läuft, werfen Sie's ihm/ihr nicht auch noch vor! Mal keine Lust haben *müssen* ist o.k. Keine Lust zu haben, aber dennoch Lust bereiten zu *wollen* und dann vorgeworfen zu bekommen, daran keine echte Lust zu haben, ist nicht o.k. (gilt übrigens nicht nur für erotische Angelegenheiten)

- Gut wäre die Einstellung des/der ‚Bedienten': ‚Du bist zärtlich zu mir, obwohl du selbst nicht erregt bist. Das empfinde ich als ungemein liebevoll'.
- Gut wäre aber auch die Einstellung des/der ‚Dienenden': ‚Ich verspüre zwar im Moment keine eigene Erregung, aber ich habe Lust an *deiner* Erregung'.

J. Gray hat diesbezüglich eine Fülle von inspirierenden Impulsen zusammengestellt. Zum Beispiel diesen: „Männer neigen dazu, ihre Befähigung als Liebhaber vom Orgasmus der Frau abhängig zu machen. Wenn sie nicht kommt, schmollt er oft stundenlang. Deshalb fühlen sich die Frauen häufig unter Druck gesetzt ... den Männern etwas vorzuspielen, auch wenn ihnen gar nicht danach zumute ist." Der Preis: „Wenn er von ihr erwartet, dass sie jedes Mal einen Orgasmus hat und sie ihn daraufhin heucheln muss, kann sie oft keinen mehr haben, wenn sie sich wirklich danach sehnt". [79] „Die Faustregel lautet: Der Sex macht erst richtig Freude, wenn es mit der Beziehung stimmt. Ist man beim Sex in Liebe zugetan, kann sich die Beziehung dadurch wesentlich bessern. Ist die Frau zum Sex bereit, fliegt ihr das Herz des Mannes zu. Wenn sie nichts empfindet und trotzdem mit ihm schläft, kann die liebevolle Zuwendung, die sie beim Sex durch ihn erfährt, bewirken, dass sie sich ihm wieder zuwendet".[80] Umgekehrt gilt dasselbe. Hat er Potenzprobleme, wird er erleben, dass seine sonstigen Bemühungen, *ihr Gutes zu tun* und ihre Reaktion darauf auch ihn selbst wieder erregen werden. Warum? Weil Liebe immer erregt!

- Agape-Erotik versucht, dem Anderen zu dienen, auch dann, wenn selbst keine Erregung da ist, einfach aus Liebe.
- Agape-Erotik kann aber auch auf die eigene Erregung verzichten, einfach aus Liebe.
- Agape-Erotik genießt die einseitige Lust zu zweit und geht auf diese Weise einen dritten Weg zwischen Lethargie (frustrierter Verzicht) und Seitensprung (Untreue).
- Agape-Erotik besteht im wechselseitigen Akzeptieren der Lust durch den Lustlosen und der Lustlosigkeit durch den Lustvollen.
- Agape-Erotik ist die Entfaltung von Lust des Lustlosen an der Lust des Lustvollen.

Erahnen Sie die Tragweite dieses Geheimnisses?

Unlustmuster bewusst verschieben

Bleibt unser Eheleben längere Zeit erotiklos, verlernen wir Sexualität dadurch, dass wir ‚Nicht-Sex' lernen. Wir verlernen nicht nur Sexualität, sondern wir beginnen ‚Nicht-Sexualität' zu erlernen. Nach einer gewissen Zeit ist nicht die aus uns herauskommende Unlust der Erotikblocker, sondern ein neu gelerntes Verhaltensmuster. Das Anlegen von Nachtkleidung konditioniert sich als Verbergen der Libido.

Das Schlafzimmer fungiert als Ort der Lust-Abwesenheit. Sein Anschleichversuch regt sie ab statt an. Gespräche über Sex führen zum Krach statt zur Glut. Haben sie diesen Status erreicht, ist eine sogenannte *Musterverschiebung* angesagt. Was ist damit gemeint?

Durchbrechen Sie eingeübte Rollenmuster ICH-gesteuert und bewusst. Lag die Initiative immer bei *ihm,* dann übernimmt *sie* ab sofort. Wollte er bisher immer bei Licht, versuchen Sie's mit Kerzenschein. Brauchte sie meist ein längeres Vorprogramm, erproben Sie den Moonlight-Quickie. Wechseln Sie Orte und Zeiten, testen Sie Neues, richten Sie Ihr Schlafzimmer neu ein. Überprüfen Sie Ihre gelernten und eingeschliffenen Rituale auf Stereotypen mit Tendenz zur Langeweile. Biegen Sie an bekannten ‚Kreuzungen' vorher ab und spicken Sie Ihr Repertoire mit Überraschungen. Emotionen kann man nicht direkt beeinflussen, aber man kann die Rahmenbedingungen so verändern, dass Sie dasselbe anders erleben.

Erotische Liebe heißt: Gemeinsame Expedition ins Reich der Intimität. Brechen Sie Ihre Reise nicht zu früh ab – nicht, ehe Sie's gelernt haben, und dann erst recht nicht ...

EHE Sie's verlernen

... sollten Sie willentlich Einfluss auf die Gestaltung Ihrer Sexualität nehmen.

... sollten Sie, wenn Sie keine Lust haben, sich fragen, ob Sie denn Lust haben wollen.

... sollten Sie den dritten Weg zwischen Lethargie und Treuebruch wählen.

Merke

Die Freiheit des Glaubens hat etwas mit der Stärkung des Willens zu tun.

Liebevolle Erotik heißt: Lust haben wollen, aber keine Lust haben müssen.

Liebevolle Erotik heißt, die Fähigkeit zu entwickeln, auch einseitige Lust gemeinsam erleben zu können.

11. „Und sie waren nackt und schämten sich nicht..." (1. Mose 2,25) – Theologisches zur Erotik

Manch einer ist der Meinung, die Bibel sei ein langweiliges, altes, moralisches und völlig überholtes Buch. Wenn das auch Ihre Meinung ist, dann sollten Sie hier nicht weiterlesen. Ehrlich, Ihr Vorurteil könnte zerbrechen, wenn Sie entdecken, dass die Bibel ein spannendes, existentielles und hochaktuelles Buch ist, das eine ganze Menge Nachdenkenswertes zum Thema Sexualität und Erotik beizusteuern hat. Es fängt ja bereits gut an: Mit zwei nackten Menschen – unter freiem Himmel – mitten in einem Garten ...

Erotik in der Bibel Israels

1. Mose 2-3: Zwei nackte Menschen in Gottes Garten
Als „Liebesgeschichte, die ein unglückliches Ende genommen hat",[81] bezeichnet *Phyllis Trible* die berühmte Erzählung im Garten Eden. Ausführlich wird in orientalischer Manier erzählt, wie Gott sein Schöpfungswerk durchführt. Nachdem sich trotz langer Suche in der Tierwelt kein Gegenüber für das ‚Erdwesen'[82] finden ließ, schuf Gott die menschliche Sexualität:

„Und Gott der Herr baute eine Frau aus der Rippe, die er von dem Erdgeschöpf genommen hatte, und brachte sie zu ihm.

Da sagte das Erdgeschöpf: Das ist doch Bein von meinem Bein und Fleisch von meinem Fleisch. Diese soll ‚ischa' [hebr.: Frau, wörtl.: ‚Männin'] *heißen, denn vom ‚isch'* [Mann] *ist sie genommen. Darum wird ein Mann seinen Vater und seine Mutter verlassen und seiner Frau anhängen, und sie werden zu einem Fleisch werden."* (1. Mose 2,22-24).

Dieser Text wurde auf Grund einer Jahrhunderte währenden patriarchalischen Auslegungsgeschichte häufig kritisiert. Der Frau werde hier eine lediglich vom Mann abgeleitete Qualifikation zugewiesen; so oder ähnlich lauten die Vorwürfe. Er lässt sich aber von der hebräischen Erzählkunst her auch ganz anders deuten. Der Frau kommt hier eine in der ganzen Schöpfung einzigartige Stellung zu, denn sie allein wurde nicht aus dem ‚Rohmaterial Erde', sondern aus dem ursprünglich noch geschlechtslos gedachten ‚Erdwesen' geschaffen.[83] Etwas zugespitzt formuliert könnte man sagen: Der Mensch besteht aus Erde, die Frau aber besteht aus ‚Mensch'. Dann tritt Gott als ‚Heiratsvermittler' auf und bringt das neue Geschöpf zum ‚Erdwesen', das dadurch nun erst zum ‚Mann' wird. Im Gegensatz zu den Tieren, die er zum Menschen brachte, ‚um zu sehen, wie er sie nennen würde' (2,19), also zur Unterwerfung, fehlt diese Zweckbestimmung hier. Der Mann erhält keineswegs Macht über die Frau! „Die Frau passt nicht in das Herrschaftsmodell, das die vorhergehenden Episoden aufgestellt haben. Sie gehört zu einer neuen Ordnung, die ihrerseits das Erdgeschöpf verändern wird: aus einem wurden zwei."[84] Das Erdwesen differenziert sich in Mann und Frau, nicht um sich zu dominieren und in Machtkämpfen zu verbrauchen, sondern um sich zu vereinen, in jeglicher Hinsicht.

Luther hatte versucht, das hebräische Wortspiel ‚isch' (Mann) und ‚ischa' (Frau) mit ‚Mann und Männin' wiederzugeben. Er hat damit unglücklicherweise durch die Wortwahl das patriarchalische Verständnis im Gegenzug zur eigentlichen Intention des Textes verstärkt. Genauso gut hätte er von ‚ischa' ausgehen können und es hieße: Frau und Frauerich (?). Beide Versionen dürften in der deutschen Sprache als eher suboptimal einzustufen sein.

In jedem Falle aber beachten Sie: Das erste vom Menschen in direkter Rede gesprochene Wort besteht in erotischer Poesie und bezieht sich auf Sexualität: ‚endlich Bein von meinem Bein'.

Noch einmal *Trible*: „Diese Worte drücken Einheit, Solidarität, Gegenseitigkeit und Gleichstellung aus. Dementsprechend beschreibt der Mann sich selbst in dieser Geschichte nicht als den, der zuerst da war oder der Frau überlegen ist. Seine geschlechtliche Identität hängt ebenso von ihr ab, wie ihre von ihm. Für beide kommt die Sexualität aus dem einen Fleisch des Menschen".[85]

Der Mensch ist also als ein von Gott her sexuell konzipiertes Wesen zu betrachten. Sexualität bedeutet u.a. Überwindung der Einsamkeit, Einssein und Gemeinschaft. Die erotische Dimension unseres Lebens sollten wir also als ein wunderbares Geschenk Gottes verstehen. Das zeigt besonders eindrücklich der Schlussvers der Erzählung:

„*Und sie waren beide nackt, der Mann und seine Frau, und sie schämten sich nicht*" (2,25).

So besteht ein wesentliches Element gelingender Partnerschaft in der Wertschätzung und Entfaltung von Erotik im Schutzraum partnerschaftlicher Intimität als Ort für Nacktheit. Dass sich das erste Menschenpaar im Fortgang der biblischen Erzählung erhebliche Probleme einhandelt (1. Mose 3)[86], hat nichts mit der Erotik als solcher zu tun. Adam und Eva müssen das Paradies verlassen, aber die sexuelle Lust ist nicht die Ursache der Tragödie – auch wenn Augustin es andersherum deutete, sondern Sexualität ist ihrerseits selber Opfer der menschlichen Emanzipation von Gott, der Missachtung seiner Gebrauchsanleitung fürs Leben (3,6) und der Auflösung von Solidarität untereinander inklusive gegenseitiger Beschuldigung (3,12). Verantwortungsverweigerung, Versklavung an den eigenen Triebbereich und Rückfall in alte Machtstrukturen sind die Folge (3,16) – übrigens alles Standardphänomene zerbrechender Partnerschaften ...

Dass in dem Vers *„ein Mann wird Vater und Mutter verlassen..."* eine implizite Aufforderung zur Absage an Muttersöhnchenkult und zur ‚Ermannung' steckt, sei wenigstens am Rande angemerkt. Manchmal haben weibliche Unlustsignale mit genau diesem Phänomen zu tun. Männer, die faktisch ein weiteres Kind sind, sind nämlich irgendwie defizitär in ihrer erotischen Ausstrahlung ...

Das Hohelied Salomos – eine „Symphonie der Erotik"[87]
Zu den imposantesten erotischen Dichtungen gehört das Hohelied Salomos. Es beschreibt Lebenslust und Liebesspiel eines verliebten Paares in immer neuen, flammenden, z.T. gewagten Metaphern. Hatte die Urgeschichte die erotische Vereinigung mit dem Verb ‚erkennen' umschrieben (vgl. 1. Mose 4,1), so scheint das Hohelied geradezu eine Illustration dieser paradiesischen Aktivitäten des ersten Menschen-

paares zu sein. Seltsamer Weise zog sich Gott ja zurück, nachdem er das Paar zusammengeführt hatte. So auch hier: Liebende entdecken (,erkennen') sich, wenn sie ,im Garten' ,ein Leib' werden. Vor allem: Sprach in 1. Mose 2 allein der Mann, so wird im Hohenlied die weibliche Stimme – geradezu emanzipatorisch – nachgetragen.[88] Hier eine kleine Kostprobe biblischer erotischer Poesie. Wer's nicht liest, kann's nicht spüren:

Erotik heißt liebendes Verlangen:

„Er küsse mich mit Küssen seines Mundes" (Hoheslied 1,2)
„Seine Linke liegt unter meinem Haupt, und seine Rechte umfasst mich" (2,6)
„Des Nachts auf meinem Lager suchte ich, den meine Seele liebt" (3,1)

Erotik heißt liebende Wertschätzung:

„Siehe, meine Freundin, du bist schön; schön bist du, deine Augen sind wie Taubenaugen" (1,15)
„Siehe, mein Freund, du bist schön und lieblich. Unser Lager ist grün" (1,16)
„Deine beiden Brüste sind wie junge Zwillinge von Gazellen, die unter den Lilien weiden" (4,5)
„Wende deine Augen zu mir, denn sie verwirren mich" (6,5)

Erotik heißt liebende Fantasie entwickeln:

„Wie schön ist deine Liebe, meine Schwester, liebe Braut! Deine Liebe ist lieblicher als Wein, und der Geruch deiner Salben übertrifft alle Gewürze ... Honig und Milch sind unter deiner Zunge..." (4,10f)

„Dein Schoß ist wie ein runder Becher, dem nimmer Getränk mangelt" (7,3)
„Lass deine Brüste sein wie Trauben am Weinstock und den Duft deines Atems wie Äpfel; lass deinen Mund sein wie guten Wein, der meinem Gaumen glatt eingeht und Lippen und Zähne mir netzt" (7,9f)
„Mein Freund steckte seine Hand durchs Riegelloch, und mein Innerstes wallte ihm entgegen. Da stand ich auf, dass ich meinem Freund auftäte" (5,4f)
„Komm, mein Freund lass uns aufs Feld hinausgehen und unter Zypernblumen die Nacht verbringen ... da will ich dir meine Liebe schenken" (7,13)

Erotik heißt Lebenslust und –power entfalten:

„Ich beschwöre euch, ihr Töchter Jerusalems, dass ihr die Liebe nicht aufweckt und nicht stört, bis es ihr selber gefällt" (8,4)
„Liebe ist stark wie der Tod und Leidenschaft unwiderstehlich ... Ihre Glut ist feurig und eine Flamme des Herrn" (8,6)

So beschreibt die Bibel Israels die Grundstruktur der Erotik: Ihren Geschenkcharakter (1. Mose 2), ihre Gefährdung (1. Mose 3) und ihre Faszination (Hoheslied).

Erotik im Neuen Testament

Jesus, auch wenn er selbst nicht verheiratet war,[89] steht in Sachen Ehe und Erotik in der soeben skizzierten Tradition. In Matthäus 19,6 zitiert er sogar das erste Menschenwort aus 1. Mose 2,24 vom ‚ein Fleisch sein'. Konstitutiv für sein Eheverständnis waren – neben der Liebe (Markus 12, 31) –

Dauerhaftigkeit (Matthäus 19,9) und Treue (Matthäus 5,27). ‚Unzucht' und ‚Ehebruch' – wohl als wahllose, ungeordnete und ausschweifende Sexualität verstanden[90] – verortet er in den bösen Gedanken des Herzens (Markus 7,21). Sie gehören nicht unbedingt zu den Lebensqualität fördernden Maßnahmen menschlichen Selbstbestimmungsrechts.

Der gelegentlich bei Jesus anklingende Hinweis auf Eheverzicht und Enthaltsamkeit ist nirgends asketisch und schon gar nicht durch Abwertung des Sexuellen begründet. Solche Äußerungen stehen immer im Kontext sogenannter endzeitlicher Überlegungen, d.h. der Relativierung menschlich-irdischer Lebensformen im Reich Gottes. Aber dies ist ein anderes Thema.[91]

Paulus, ebenfalls urchristlicher Single[92], bietet etwas ausführlichere Reflexionen. In 1. Korinther 7 widmet er der Frage nach Ehe und Sexualität ein ganzes Kapitel. Auf dem Hintergrund chaotischer sexueller Verhältnisse in der Hafenstadt Korinth greift Paulus' Korrespondenz gelegentlich etwas weit aus in Richtung Enthaltsamkeit. Aus den gleichen Gründen wie Jesus vor ihm favorisierte er für die Christen Ehelosigkeit. Da der Anbruch des Reiches Gottes unmittelbar bevorzustehen schien (1. Korinther 7,29-31), ergab langfristige Familienplanung keinen rechten Sinn mehr. Dennoch konzedierte er: Eheliche Erotik ist besser als Unzucht (7,2) oder neurotisches Verzehrtwerden (7,9). So kommt er zu dem Schluss:

„Ein jeder soll seine eigene Frau haben und jede Frau ihren eigenen Mann. Der Mann leiste der Frau, was er ihr schuldig ist, desgleichen die Frau dem Mann. Die Frau verfügt nicht über ihren Leib, sondern der Mann. Ebenso verfügt der Mann nicht über seinen Leib, sondern die Frau. Entziehe

sich nicht eins dem anderen, es sei denn eine Zeitlang, wenn beide es wollen ... " (7,2-5a)

Paulus beschreibt das erotische Verhältnis als gegenseitige *Dienstgemeinschaft*. Sexueller Triebdruck ist ein Thema, das wir nicht ungestraft liegen lassen dürfen. Verdrängung, zumindest wenn die Sublimierung misslingt, kann zu skurrilen Persönlichkeitsveränderungen führen. Der Apostel formulierte das – natürlich antik – so:

"... damit ihr zum Beten Ruhe habt; und dann kommt wieder zusammen, damit euch der Satan nicht versucht, weil ihr euch nicht enthalten könnt" (7,5b).

Wohlgemerkt: Nch*t* die sexuelle Begierde als solche ist destruktiv, sondern die Konsequenzen ihrer unsachgemäßen Ignorierung! Zwangsneurosen, Putzsucht, Distanzprobleme, Neugierde, Aggressivität, Launenhaftigkeit, Intrigenlust, Bremsermentalität oder Workaholismus sind besonders eindrückliche Gewächse auf dem nicht beackerten Erotikfeld. Verdrängung rächt sich immer. Paulus wusste das!

Eph. 5,21 ff

Die berüchtigte Stelle *Epheser 5,21-31* haben wir andernorts bereits behandelt.[93] Recht verstanden handelt es sich auch hier um das eheliche Konzept der ‚gegenseitigen Bereicherung', wie wir es in 'EHE der Zoff ...' beschrieben haben. Und was die von Paulus geforderte ‚Hingabe des Mannes an die Frau' (5,25) in sexueller Hinsicht bedeuten könnte, haben wir in diesem Buch zu zeigen versucht.

Alles in allem finden menschliche Sexualität und Erotik in der Bibel eine sehr positive Wertung, und wir sollten uns nicht länger durch negative moralische Traditionen aus anderen Quellen an ihrer Entfaltung hindern lassen. Ehe ist unter anderem auch eine Spielwiese für Erotik, ein ‚Garten der Liebe', in dem ein Hauch des ‚Paradiesischen' spürbar sein sollte. Die Sexualtherapeuten *Joyce* und *Clifford Penner* drücken das so aus:

„Christus hat uns versöhnt mit Gott – und deswegen sollten wir nach und nach wieder eine Qualität von Sex erfahren wie vor dem Sündenfall".[94]

Wir finden: Keine schlechte Idee, oder?

EHE Sie's verlernen

... sollten Sie, falls es religiöse Gründe sind, die Bibel genauer lesen – aus religiösen Gründen.

... sollten Sie realisieren, dass liebevolle Erotik innerhalb einer treuen Liebesbeziehung mit Gott zu tun hat.

 **Merke**

Die Bibel beginnt mit einer erotischen Geschichte: zwei Menschen im Paradies, die nackt voreinander standen und sich nicht schämten.

Das Hohelied Salomos ist erotische Poesie, eine ‚Symphonie der Erotik'.

Jesus und Paulus empfehlen die Agape-Erotik.

12. Das Wichtigste zuletzt...

Religion ist kein Sexualitätsersatz

Sexualität ist keine Religion. Und Religion sollte nicht als Sexualitätsersatz missbraucht werden. Das Spektrum der vielfältigen Versuche, Religiosität und Erotik auf- oder gegeneinander zu beziehen, ist groß und wäre eine eigene Studie wert. Stark vereinfacht könnte man sagen: Wurde in antiken Kulten die sexuelle Vereinigung *sakralisiert*, etwa in kananäischen Fruchtbarkeitsriten oder in der korinthischen Tempelprostitution, so entwickelte das Christentum – wie wir gezeigt haben – eine strenge *Trennung* von Glaube und Eros. Aus der Sexualität als Gottesdienst wurde Sexualität als Sünde. Die wahrhafte Gottesliebe verzichtete eben auf erotische Liebe. *Freud* interpretierte dieses Phänomen psychoanalytisch als Sublimierung. Eigentlich für erotische Zwecke von Seele und Leib zur Verfügung gestellte Energie (Libido) wird in der mystischen Spiritualität gleichsam umfunktioniert, ja zweckentfremdet für die religiöse Erfahrung. Augustinus, so würde Freud sagen, musste Libidoverdrängung fordern, um die freiwerdende Triebenergie für Spiritualität zu gewinnen. Die Antithetik kehrte sich um: Galt vormals die Erotik als Feind des Glaubens, so galt plötzlich der Glaube als Feind der Erotik. Es entstand ein neues Dilemma: Hatten früher die Religiösen die Sexualität verloren, so verlor jetzt eine sexualisierte Gesellschaft die Religion. Beides halten wir für ungesund, denn beide Bereiche menschlicher Wirklichkeit sind je für sich selbst wichtig und dürfen weder miteinander identifiziert noch gegeneinander ausgespielt werden. Viel besser ist es, sie konstruktiv aufeinander zu beziehen.

Der Theologe *Manfred Josuttis* hat einen solchen Versuch vorgelegt. Bereist sein Buchtitel ist aufschlussreich: Gottesliebe und Lebenslust. Beziehungsstörungen zwischen Religion und Sexualität.[95] Josuttis plädiert hier für eine neue Verhältnisbestimmung von Sexualität und Religion. Zeugung und Schöpfungsglauben stehen für ihn im Rang, zwei Seiten einer Medaille zu sein:

„Sexualität ist nicht nur ein Problem, sie ist das konstitutive Phänomen unseres Lebens... Alle Menschen verdanken ihr Dasein Akten sexueller Praxis. Niemand ist so, wie er/sie ist, von den eigenen Eltern gewollt. Alle sind durch Zufall, Schicksal, Bestimmung Nebenprodukte von Begehren und Lust. Zur persönlichen Annahme des geschenkten Lebens gehört deshalb nicht nur die Bejahung der eigenen Körperlichkeit, sondern auch die Bejahung jenes unheimlichen Aktes, in dem die eigene Existenz grundgelegt wurde."[96]

Religion ist daher nicht alternativ zur Sexualität, sondern als ihre konstruktivste Voraussetzung zu verstehen:

„Die Gottesliebe bremst die Lebenslust nicht, sondern beflügelt sie",[97] und wenn *„die Sexualität von der Gottheit getrennt wird, dann geht sie zum Teufel"*.[98]

Aus christlicher Sicht gilt dies übrigens für sämtliche Lebensbereiche ...

Erfüllte erotische Liebe als ‚Vorgeschmack des Paradieses'

Eine interessante Auffassung der Beziehung zwischen Religion und Erotik liefert eine Linie der jüdischen Sabbattheologie. Der Sabbat wird im Judentum aufgefasst als eine Art *Sabbat* Vorabbildung des Reiches Gottes. Einen Tag lang soll Israel quasi ‚so tun, als ob' das Paradies bereits Wirklichkeit auf Erden sei. Der Sabbat, wenn man so sagen darf, ist eine Art ‚Generalprobe des Lebens im Paradies'[99]:

> Der Sabbat ist „eine Simulation der messianischen Welt", die von „verheirateten Paaren im Liebesakt zelebriert wird"[100].

Daher ruht an diesem Tag die Arbeit, daher wird an diesem Tag Gott in besonderer Weise angebetet, daher gehört zum Sabbat auch Erotik:

> „Drei haben etwas vom Jenseits an sich: die Sonne, der Sabbat und der geschlechtliche Verkehr".[101]

Das liebende Paar kehrt zurück in das Paradies, in dem sich bereits Adam und Eva liebten, ‚nackt und ohne Scham'. *Ruth Westheimer* und *Jonathan Mark* haben solche Traditionen auf ihre Einstellungen zur Sexualität hin untersucht und einige verblüffende Ergebnisse erzielt:

> „Gott ist der beste Sexualtherapeut überhaupt. Er/Sie hat einen Tag in der Woche geschaffen, den Sabbat oder Schabbes, an dem Gott unter anderem fordert, dass wir unsere Liebe zum Göttlichen durch unsere Liebe füreinander zum Ausdruck bringen. Will man den Richtlinien für den Schabbes vollkommen folgen, dann müssen wir uns einen vollkommen romantischen Abend gestalten, der seinen Höhepunkt im Liebesakt findet, wie immer wir ihn am liebsten mögen... Am Sabbat geht es um die Heiligung und die Freude an diesem Tag, die Unterbrechung der weltlichen Beschäftigung, einen Schimmer der zukünftigen Welt, wenn die Uhr in einem himmlischen Takt ticken wird."[102]

Gelingende Sexualität ist also eine Art „Vorgeschmack auf das Reich Gottes", wie das Diskussionspapier der EKiR ‚Sexualität und Lebensformen' formuliert hat.[103] Die momentane Aufhebung des Gefangenseins im Selbst durch Liebe, Ekstase und Verschmelzung mit einem Du hat befreiende Wirkung. Der Volksmund hat das immer gewusst. Nach einer schönen Nacht fühlen sich Paare ‚im siebten Himmel', sagt man. Leider gilt die Umkehrung wohl auch. Genau deshalb müssen wir das Thema angehen. Es heißt: Agape-Erotik.

Trauung heißt: Treue auf dem Grund der Treue Gottes

Sexuelle Treue steigert nicht nur die Exklusivität der eigenen Intimität (‚wir beide'), Treue bildet in der Beziehung zueinander auch die Treue Gottes zu seinen Menschen ab (er sagt ja zu uns).

Treue als krampfhaft moralisch erzwungene Abstinenz bei gleichzeitig desolatem Zustand der ehelichen Erotik ist eher eine bedauernswerte Parodie der Treue Gottes als deren Repräsentation.

Treue ist nicht in erster Linie eine Leistung, sondern die *Folge* einer guten Beziehung. Erfüllung in der Ehe macht immun gegen Versuchung von außen. Wenn ich die Taube in der Hand habe, interessiert mich der Spatz auf dem Dach herzlich wenig. Wir haben das beschrieben.[104]

In der kirchlichen Trauung bringen wir zum Ausdruck, dass wir uns auf das Agape-Programm Gottes einlassen wollen. Es heißt:

„Alle eure Dinge lasst in der Liebe geschehen" (1. Korinther 16,14).

„Ihr seid teuer erkauft, darum preist Gott mit eurem Leibe"
(1. Korinther 6,20).

Sich gegenseitig an Leib und Seele dienen – das wär's doch, oder?

Literaturhinweise und Anmerkungen

[1] *Volker A. Lehnert / Felicitas A. Lehnert*, EHE der Zoff uns scheidet. Was Sie tun können, bevor Sie was tun müssen. 12 Denkanstöße, Neukirchen-Vluyn, 2. Aufl. 2001
dies., EHE wir uns verlieren. Wenn Paare Eltern werden. 12 Denkanstöße, Neukirchen – Vluyn 2001.
Informationen in www.lehnert-neuss.de.
[2] *B. Poschenrieder*, Sex & Hopp. Warum Lust ohne Liebe Spaß macht, in: PETRA Juni 2000, S. 76-81.
[3] *M. Buber*, Das dialogische Prinzip, Heidelberg, 4. Aufl. 1979.
[4] *A. Haegele*, Sexuelle Analphabeten, in: STERN 31 (2000) S. 31.
[5] Das sind durch religiöse Vorstellungen erzeugten Neurosen.
[6] *U. Ranke-Heinemann*, Eunuchen für ein Himmelreich. Katholische Kirche und Sexualität, München 1990, S. 81.
Zur Geschichte der Ehe vgl. *M. Ohst*, Geschichte der Eheauffassung von den Anfängen bis zur Reformation, ThR 61 (1996) S. 372-387.
[7] Belege bei *Ranke-Heinemann*, aaO, S. 97-99.
[8] *Ranke-Heinemann*, aaO, 85.
Zu Augustin allgemein vgl. *Hans Freiherr v. Campenhausen*, Lateinische Kirchenväter, Kohlhammer Verlag, S. 151-222.
[9] Vgl. dazu *A. Denecke*, Als Christ in der Judenschule. Grundsätzliche und praktische Überlegungen zum christlich-jüdischen Gespräch und zur Rede von Gott, Schalom-Bücher Bd. 4, Lutherisches Verlagshaus 1996.
[10] Über das Seele – Leib – Verständnis des Alten Testaments informiert ausführlich: *H.W. Wolff*, Anthropologie des Alten Testaments, München 5. Aufl. 1990, S. 21-123.
Zum Neuen Testament: *U. Schnelle*, Neutestamentliche Anthropologie. Jesus – Paulus – Johannes, Neukirchen-Vluyn 1991.
[11] Plato selber hatte das Philosophieren als ‚erotischen Akt' charakterisiert (‚Platonische Liebe'). Vgl. dazu *W. Weischedel*, Die philosophische Hintertreppe, dtv, 5. Aufl. 1979, S. 39-49.
[12] *Martin Luther*, Sermon vom ehelichen Stand, in: Vom ehelichen Leben und andere Schriften über die Ehe, Reclam Stuttgart 1978, S. 14.
Zu Luther generell vgl. *H.J. Genthe*, Martin Luther. Sein Leben und Werk, Göttingen 1996.
Zu seiner Heirat vgl. *H. Fausel*, D. Martin Luther. Leben und Werk 1522-1546, GTB 412, S. 87-95.
[13] *M. Luther*, Sermon, aaO, S. 15.
[14] *Ders.*, aaO, S. 33.
[15] *Ders.*, aaO, S. 40.

16 Vgl. *U. Ranke-Heinemann,* aaO, S. 266-272.
17 *M. Luther,* Tischreden 1,250, in: *Fausel,* aaO, S. 94.
18 In *H. Gollwitzer,* Das hohe Lied der Liebe, Kaiser Traktate, 1. Aufl. 1978, S. 30.
19 Vgl. hierzu *W. Weischedel,* aaO, S. 177-187.
20 *O. Kolle,* Das Wunder der Liebe, Zürich 1967, Gütersloh 1968.
21 FAMILY 4 / 2000, S. 26-29.
22 *R.T. Michael, u.a.,* Sexwende. Liebe in den 90ern. Der Report, München 1994, S. 144f.
23 AaO, S. 145.
24 AaO, S. 145.
25 AaO, S. 168.
26 FOCUS 52 (1994) S. 144-150 und FOCUS 46 (1997) S. 57.
27 *Th. Klein* in: FOCUS 45 (2000) S. 260; vgl. auch sein Buch ‚Partnerwahl und Heiratsmuster'.
28 Zur Literatur vgl. unten Anm. 42.
29 Vgl. unser Buch EHE der Zoff uns scheidet, aaO, S. 50ff.
30 *M. Mary,* 5 Lügen – die Liebe betreffend, Hamburg 2001.
31 *M. Mary* in einem Interview in FOCUS 11 (2001) S. 176.
32 Ausführlich informiert: *H. Zankl,* Phänomen Sexualität. Vom „kleinen" Unterschied der Geschlechter, Darmstadt, 1999.
Zur Wandlung der theologischen Bewertung von Sexualität vgl. auch: *U. Eibach,* Liebe, Glück und Partnerschaft. Sexualität und Familie im Wertewandel, Wuppertal 1996, bes. S. 49-119.
Eine Enzyklopädie der Liebe bietet *M. Tresidder,* Die geheime Sprache der Liebe, München 1998.
33 Vgl. *J. Lush, P.H. Rushford,* Was ist nur wieder los mit mir? Die Gefühle im Leben der Frau, Asslar 1988.
34 Vgl. hierzu unser Buch *V. und F. Lehnert,* EHE wir uns verlieren, aaO.
35 *M. Mary,* Faszination Beziehung. Zusammenkommen, Zusammensein, Auseinandergehen, Nordholt 1999.
36 Bericht in der Zeitschrift GEO 8 (2000) S. 54-72.
37 Vgl. den Report in der Zeitschrift FREUNDIN vom 23 (1993), S. 157f.
38 *Th. Klein,* aaO, S. 260.
39 *R. Henss* in FOCUS 45 (2000) S. 261.
40 Vgl. *Lehnert,* EHE der Zoff uns scheidet, aaO, S. 70.
41 Vgl. *Lehnert,* EHE der Zoff uns scheidet, aaO, S. 49-55.
42 Schon die Titel bezeichnen das Programm: *J. Gray,* Männer sind anders. Frauen auch. Männer sind vom Mars, Frauen von der Venus, München 1992; *ders.,* Mars, Venus & Eros. Männer lieben anders, Frauen auch, München 2000, hier besonders S. 22ff;

A& B. Pease, Warum Männer nicht zuhören und Frauen schlecht einparken. Ganz natürliche Erklärungen für eigentlich unerklärliche Schwächen, München, 2.Aufl. 2000.
Vgl. auch *H. Zankl,* Phänomen Sexualität, aaO, S. 60-96 und *H. Müller,* Ein Fall für zwei. Lieben und Leiden in der Zweierkiste, 3. Aufl. 1999, Neuhausen-Stuttgart, S. 219-232.
⁴³ *K. Gloger* und *B. Bisang,* Die Reise nach Ekstasien, in: STERN 24 (2001) S. 34-44.
⁴⁴ *P. Joannides* (Hg.), Wild Thing. Sex-Tips for Boys and Girls. Der heimliche Bestseller aus Amerika, München 1998.
Aus christlicher Sicht vgl. *T. und B. La Haye,* Wie schön ist es mit dir. Das Intimleben in der Ehe, Asslar, 1984;
E. und G. Wheat, Hautnah. Erfülltes Intimleben in der Ehe, Asslar, 6. Aufl. 1996; *E. und A. Domig,* „Wecke doch die Liebe auf!" Das Geheimnis erfüllter Sexualität, Lahr 1999. Der Hinweis auf diese Literatur besagt nicht, dass wir kritiklos mit allen dort vertretenen Positionen übereinstimmen.
⁴⁵ Quelle: JAMA 2/1999, in: FOCUS 32 (2000) S. 85.
⁴⁶ *Th. Klein,* aaO, S. 259.
⁴⁷ Zur Metapher ‚Sammler und Jäger' in Sachen Liebe vgl. *Lehnert,* EHE der Zoff uns scheidet, aaO, S. 13-15.
⁴⁸ EHE der Zoff, aaO, S. 19.
⁴⁹ Die Metapher ‚Nebenkriegsschauplatz' stammt von *R. Ruthe,* Die Last mit der Lust. Sexuelle Störungen, Brendow Hör-Ratgeber (MC).
⁵⁰ Biblischer Ausdruck für Geschlechtsverkehr (vgl. 1. Mose 4,1).
⁵¹ Vgl. hierzu *Lehnert,* EHE wir uns verlieren, aaO.
⁵² Vgl. hierzu *Lehnert,* EHE der Zoff uns scheidet, aaO, S. 65-71.
⁵³ Vgl. *E. Berne,* Spiele der Erwachsenen. Psychologie der menschlichen Beziehungen, Rowohlt 1976, S. 124-129.
⁵⁴ Ausführlicher Bericht in: GEO 5 (1993) S. 14-30.
⁵⁵ Vgl. *Lehnert,* EHE wir uns verlieren, aaO.
⁵⁶ Vgl. hierzu unten Kap. 6.
⁵⁷ ‚EHE und Stallgeruch' wird das Thema unseres nächsten Buches sein.
⁵⁸ Vgl. EHE der Zoff uns scheidet, aaO, S. 18-20.
⁵⁹ Vgl. oben Kap. 2.
⁶⁰ EHE der Zoff, aaO, S. 27-34.
⁶¹ *A. de Saint-Exupéry,* Der kleine Prinz, Düsseldorf, 40. Aufl. 1985, S. 49.
⁶² Die christliche Dogmatik nennt das ‚Rechtfertigung aus Glauben'. Vgl. dazu *Lehnert,* EHE wir uns verlieren, aaO, S. 72-77.
⁶³ *M. Mary,* Faszination Beziehung, aaO, S 129-185.
⁶⁴ *M. Mary,* Die 5 Lügen, die Liebe betreffend, Hamburg 2001, S. 11.

⁶⁵ J. Gray, Mars, Venus & Eros, aaO, S. 170ff.
⁶⁶ U. Ranke-Heinemann, aaO, S. 177ff.
⁶⁷ M. Mary, Die 5 Lügen, die Liebe betreffend, aaO, S. 20f.
⁶⁸ J. Gray, Mars, Venus & Eros, aaO, S. 111.
⁶⁹ Anregungen, denen wir aber nicht in allem folgen, bieten E. Gesine Bauer / W. Schmid-Bode, Was heißt hier pervers? Die Lust, sexuelle Phantasien auszuleben, München 1992.
⁷⁰ Informationen in P. Joannides (Hg.), Wild Thing. Sex-Tips for Boys and Girls. Der heimliche Bestseller aus Amerika, München 1998.
⁷² R. Henns, aaO, S. 261.
⁷³ M. Mary, Die 5 Lügen die Liebe betreffend, aaO, S. 229.
⁷⁴ Das Freud'sche Persönlichkeitsmodell wird allgemeinverständlich dargestellt in: Volker A. Lehnert, Jugendgottesdienst kreativ. 12 ungewöhnliche Gottesdienste, Neukirchen-Vluyn 2001, 121-122.
⁷⁵ Vgl. hierzu auch G. Theißen, Psychologische Aspekte paulinischer Theologie, Göttingen 1983, S. 181ff.
⁷⁶ Vgl. zum Thema Verwöhnung das aufschlussreiche Buch von A. Wunsch, Die Verwöhnungsfalle: Für eine Erziehung zu mehr Eigenverantwortlichkeit, München 2000.
⁷⁷ Vgl. unsere Ausführungen zur Vergebung in EHE der Zoff, S. 83ff.
⁷⁸ Eine Fülle von Anregungen, wie so etwas aussehen könnte, bieten die Bücher von P. Joannices, Wild Things und J. Gray, Mars, Venus & Eros, aaO. Der Hinweis auf diese Literatur besagt nicht, dass wir kritiklos mit allen dort vertreten Positionen übereinstimmen.
⁷⁹ J. Gray, Mars, Venus & Eros, aaO, S. 74f.
⁸⁰ Ders., aaO, S. 129.
⁸¹ P. Trible, Gott und Sexualität im Alten Testament, Gütersloh 1993, S. 89.
⁸² Hier liegt ein hebräisches Wortspiel zu Grunde: Erde heißt ‚adama', Mensch heißt ‚adam'. Korrekt wäre also statt mit ‚Mann' mit ‚Erdwesen' oder ‚Erdling' zu übersetzen, vgl. Phyllis, aaO, S. 93ff.
⁸³ Phyllis, aaO, S. 119.
⁸⁴ Dies., aaO, S. 115f.
⁸⁵ Dies., aaO, S. 121.
⁸⁶ Vgl. hierzu Phyllis, aaO, S.129-168.
⁸⁷ Phyllis, aaO, S. 139.

Vgl. zum Hohelied H. Gollwitzer, Das hohe Lied der Liebe, Kaiser-Traktate, 1. Aufl. 1978, weitere Auflagen bis heute;
Wenn er mich doch küsste... Das Hohelied der Liebe übersetzt und erklärt von H. Haag und K. Elliger, mit Gemälden von M. Chagall, Zürich, Düsseldorf 3. Aufl. 1997.

[88] Vgl. *K. Barth,* Kirchliche Dogmatik III/2, S. 355.
[89] Vgl. hierzu *K. Berger,* Wer war Jesus wirklich?, Stuttgart 1995, S. 24-28.
[90] Vgl. zum Begriff: *H. Tiedemann,* Die Erfahrung des Fleisches. Paulus und die Last mit der Lust, Stuttgart 1998, S. 193ff.
[91] Vgl. hierzu *W. Schrage,* Ethik des Neuen Testaments, NTD-Erg. 4, Göttingen, 1982, S. 94f.
Für bibelwissenschaftlich Interessierte: vgl. *H. Baltensweiler,* Die Ehe im Neuen Testament. Exegetische Untersuchungen über Ehe, Ehelosigkeit und Ehescheidung, Zürich, Stuttgart 1967;
W. Kirchschläger, Ehe und Ehescheidung im Neuen Testament. Überlegungen und Anfragen zur Praxis der Kirche, Wien 1987.
[92] Vgl. *H. Tiedemann,* Die Erfahrung des Fleisches, aaO, S. 78ff.
[93] Vgl. *Lehnert,* EHE wir uns verlieren, aaO, S. 85f.
[94] *J.* und *C. Penner,* nackt und ohne Scham. Warum Christen den besten Sex erleben sollten, in: FAMILY 3 (2000), S. 24-28, zit. S. 26.
[95] *M. Josuttis,* Gottesliebe und Lebenslust. Beziehungsstörungen zwischen Religion und Sexualität, Gütersloh 1994.
Vgl. auch *G. Schibler,* Der Leib ist heilig. Erotik und Spiritualität schließen einander nicht aus, Ev. Komm. 3 (2000) S. 28-31;
B. Wannenwetsch, Die Freiheit der Ehe. Das Zusammenleben von Frau und Mann in der Wahrnehmung evangelischer Ethik, Neukirchen-Vluyn 1996.
[96] *Josuttis,* aaO, S. 21f.
[97] *Ders.,* aaO, S. 49.
[98] *Ders.,* aaO, S. 20, kursiv im Original.
[99] Vgl. hierzu *F. Hahn,* Schabbat und Sonntag, in: *ders.,* Die Verwurzelung des Christentums im Judentum. Exegetische Beiträge zum christlich-jüdischen Gespräch, Neukirchen-Vluyn 1996, S. 69-84 und
R. Westheimer / J. Mark, Himmlische Lust. Liebe und Sex in der jüdischen Kultur, Campus, Frankfurt New York, 1996, S. 80-94.
[100] *R. Westheimer / J. Mark,* aaO, S. 16.
[101] Vgl. *G. Langer,* Die Erotik der Kabbala, Düsseldorf 1989, S. 25.
[102] *R. Westheimer / J. Mark,* aaO, S. 80f. In diesem Buch finden sich viele Textbeispiele und Belege aus jüdischen Quellen.
[103] Sexualität und Lebensformen, Diskussionspapier für Gemeinden und Kirchenkreise der Evangelischen Kirche im Rheinland, hg. von der EKiR 1996, S. 40. Zur Diskussion vgl.: ‚...und hätte die Liebe nicht'. Texte vom Mülheimer Symposion zum rheinischen Diskussionspapier ‚Sexualität und Lebensformen sowie Trauung und Segnung', hg. von der EKiR, Presseverband der Evangelischen Kirche im Rheinland e.V., Düsseldorf 1997.
[104] Vgl. *Lehnert,* EHE der Zoff uns scheidet, aaO.